ART ET ARTISTES

Collection dirigée
par Jean-Loup Champion

GEORGES DIDI-HUBERMAN

Ninfa Moderna

Essai sur le drapé tombé

Gallimard

« Paris a sous lui un autre Paris […] qui est de la fange,
avec la forme humaine de moins. »

V. Hugo, Les Misérables *(1862).*

« En un mot, pour que toute modernité *soit digne de devenir antiquité, il faut que la beauté mystérieuse que la vie humaine y met involontairement en ait été extraite. »*

C. Baudelaire, « Le peintre
de la vie moderne » (1863).

« Le Maintenant est l'image la plus intime de l'Autrefois. »

W. Benjamin,
Paris, capitale du XIXe siècle.
Le livre des passages *(1927-1940).*

De la nymphe, et de sa chute

Il n'y a pas eu de bonnes fées – de sages et bienveillantes dames, avec beaucoup de pouvoir dans leur baguette – pour se pencher sur le berceau de notre modernité intellectuelle, au tournant du XIXe et du XXe siècle. Les grands séismes de l'histoire approchaient. Mais il y eut des nymphes : de belles apparitions drapées, venues d'on ne sait où, marchant dans le vent, toujours émouvantes, pas toujours très sages, presque toujours érotiques, inquiétantes quelquefois.

Nymphes : divinités mineures sans pouvoir « institutionnel », mais irradiantes d'une véritable puissance à fasciner, à bouleverser l'âme et, avec elle, tout possible savoir sur l'âme. Dangereuses tout aussi bien, comme le sont la mémoire – lorsque reconnue jusque dans ses continents noirs –, le désir, le temps lui-même. Telles furent, parmi bien d'autres apparitions, *Arria Marcella* selon Théophile Gautier, *Aurélia* selon Nerval, *Hérodiade* selon Mallarmé, *L'Ève future* selon Villiers de l'Isle-Adam, *Lulu* selon Wedekind puis Alban Berg, *La Femme sans ombre* selon Hofmannsthal puis Richard Strauss et, un peu plus tard, *Nadja* selon André Breton…

On le sait : pour que naisse quelque chose comme une moderne « science de l'âme », il aura fallu que Freud, en 1885, voie surgir les hystériques en crise sur l'amphithéâtre de Charcot, à la Salpêtrière[1]. Corps bouleversés à la renverse, gestes bouleversant le drapé des robes ou des camisoles, regard bouleversé du jeune médecin… De tous ces bouleversements – et de la découverte que ces malheureuses nymphes modernes, Anna, Emma ou Dora, en réalité « souffraient de réminiscences[2] » – sera née, contre toute psychologie d'école, la

1. Edmund Engelman, le cabinet de Freud photographié en 1938 avec le moulage de la *Gradiva*.

psychanalyse. Plus tard, Freud s'est pris à suivre, captivé, le pas dansant de *Gradiva* entre les colonnes en ruine et les laves grises de Pompéi… Comme si la jeune créature de fiction parvenait à faire du savoir analytique – laborieusement conquis sur le positivisme ambiant – une sorte d'exercice de charme trouble, mémoire et désir réunis dans la même apparition[3] **[fig. 1]**.

Or, pour que naisse également quelque chose comme une moderne « science des images », il aura fallu qu'une puissance d'apparition en tout point semblable vienne bouleverser cet autre savoir d'école nommé histoire de l'art. En 1893, Warburg a vu surgir *Ninfa* – comme il devait finir par l'appeler – sur la scène des chefs-d'œuvre de la Renaissance florentine : « belle indifférence » de déesses antiques dont Botticelli avait déplacé l'affect sur ces « accessoires en mouvement » que sont les chevelures ou les drapés dans le vent; émois gestuels des « poursuites érotiques » peintes par Pollaiuolo; souffrance pathétique des ménades chrétiennes dans les bas-reliefs de Donatello ou de Bertoldo di Giovanni; grâce victorieuse des jeunes vierges dans les fresques de Ghirlandaio[4]… *Ninfa* devint alors

2. Aby Warburg, *Ninfa Fiorentina*, 1896-1900, couverture du manuscrit. Londres, Warburg Institute Archive.

3. Anonyme romain, *Cléopâtre*, copie d'un original pergaménien du IIe siècle av. J.-C., marbre. Rome, Musées du Vatican.

une «passion prédominante» pour le fondateur de notre histoire de l'art moderne : il ne cessa jamais de la voir réapparaître et repasser, ici et là, fascinante comme la mémoire, comme le désir, comme le temps lui-même[5] **[fig. 2]**.

Mémoire, désir, temps : *Ninfa* traverse les objets de l'histoire de l'art warburgienne comme un véritable «organisme énigmatique».

Héroïne impersonnelle de l'*aura* – ce lointain du temps qui émeut l'événement de nos regards –, elle se meut constamment entre l'air et la pierre, l'effluve et la paralysie : fuyante comme un vent, mais pâle et tenace comme un fossile. Héroïne démultipliable de l'inquiétante étrangeté, elle nous fait don d'« arrière-ressemblances » où tous les temps, soudain, se mettent à danser ensemble. Et où toutes ses incarnations possibles viennent se mêler comme en un rêve.

Ninfa, Aura, Gradiva… Où vont-elles donc, toutes les nymphes de ce subtil panthéon (panthéon de la mémoire et du temps, du vent et du drapé, du deuil et du désir) ? Quel est donc le but de leur pas dansant ? Où s'arrête leur grâce fondamentale ? Il n'y a certainement pas de sens à poser la question ainsi. Car *Ninfa* ne va jamais « quelque part ». Toujours elle surgit dans le présent du regard, toujours ce surgissement dévoile un éternel retour. Il n'y a pas de sens à se demander d'où *Ninfa* commence sa course, ni où elle la finira, puisque *Ninfa* désigne, chez Warburg, l'impersonnelle héroïne du *Nachleben* – la « survivance » de ces paradoxales choses du temps, à peine existantes, indestructibles pourtant, qui nous viennent de très loin et sont incapables de mourir tout à fait[6].

La question n'est donc pas de savoir où – voire quand – finira *Ninfa*, mais jusqu'où elle est capable de se nicher, de se cacher, de se transformer. Aux Nymphes de la tradition, déjà, il arrive bien des choses, et l'iconographie classique nous les montre en toutes les situations possibles : assises ou debout, à la pose ou à la course, alanguies près d'une source ou endormies dans une grotte, à la vasque ou à la coquille, filant la laine ou chantant d'inaudibles mélodies, dansantes ou poursuivies, agressées ou faisant l'amour, violées ou bien ravisseuses de jeunes hommes, dispensatrices de l'eau ou accoucheuses des déesses, courotrophes ou allaitant Dionysos, protectrices des sources ou fatales aux humains[7]…

Dans ce large éventail casuistique, un très long, un très lent mouvement – comme un film tourné pendant des dizaines de siècles et qu'il faudrait violemment accélérer pour en reconnaître la logique – se dessine, et ne laisse pas d'être troublant : c'est l'irrémédiable *chute* de *Ninfa*, son mouvement vers le sol, son écrasement au ralenti. La question devient alors de savoir jusqu'où *Ninfa* est capable de *choir*. Les Nymphes classiques, déjà, se laissaient aller vers le sol, s'inclinaient, se couchaient volontiers[8] **[fig. 3]**. Puis advint, à la Renaissance,

4. Sandro Botticelli, *Vénus et Mars* (détail), vers 1483, détrempe sur bois. Londres, National Gallery.

le règne du songe et de l'abandon érotique : pensons à une séquence de tableaux célèbres qui iraient des *Mars et Vénus*, peints par Botticelli ou Piero di Cosimo, aux *Ménades* alanguies de Bellini ou de Titien, jusqu'aux célèbres *Vénus* de Giorgione et – encore – de Titien, en passant par les belles abandonnées de l'*Hypneromomachia Poliphili* ou, plus tard, du Corrège et de Poussin[9]. Warburg lui-même n'ignorait pas le destin *moderne* – au sens baudelairien – de ces représentations fortement érotisées, quelquefois mélancoliques, de la *chute des corps* : elles ont culminé, *via* Füssli, Ingres ou Goya, chez Courbet, chez Degas et, bien sûr, chez Manet[10].

Il en est de *Ninfa* comme de l'*aura* – au sens benjaminien : elle *décline* avec les temps modernes[11]. Elle ne vieillit pas à proprement parler, puisqu'elle est une créature de la survivance. Elle ne disparaît pas non plus : simplement, *elle se rapproche du sol.* Sous quelles figures le fait-elle ? Pour quelles conséquences morphologiques et symboliques ? La discipline iconographique s'est récemment focalisée sur une soi-disant « sexualité » de telles figures : en fait, une interprétation unilatéralement référentielle – génitale –, comme lorsqu'on se demande si la *Vénus d'Urbin*, de Titien, se masturbe ou pas[12], façon

5. Piero di Cosimo, *Vénus, Mars et Cupidon* (détail), vers 1505, détrempe sur bois. Berlin, Staatliche Museen.

de vouloir, comme souvent, *regarder sous* la peinture plutôt que la *regarder en face*, simplement (si ce mot a un sens), de front.

Le travail fantasmatique d'une image ne se résout jamais en un point isolé, mais dans la « dynamographie » – comme eût dit Warburg – de la substance imageante tout entière. Les incarnations renaissantes de *Ninfa* n'ont pas grand-chose à nous apprendre sur l'état d'une « sexualité » qu'elles ne « reflètent » pas, mais transfigurent. En revanche, elles font au regard un don bien plus large : elles osent nous montrer leur glissement progressif, leur propre *tombée* souveraine, émouvante. Leur état, dirai-je, de *clinamen* toujours recommencé.

Qu'est-ce qu'un *clinamen* ? Le mot, en latin, signifie deux choses : d'une part, il dénote le mouvement de se pencher jusqu'à choir, l'*inclinaison* d'un corps. Il éclaire donc cet axe phénoménologique de la chute, si bien analysé par Ludwig Binswanger dans le rêve[13], et que décrit *Ninfa*, de tableaux en tableaux, dans son lent glissement gracieux. La langue latine a repris tel quel le mot grec *clinè* pour désigner le champ privilégié de ce mouvement corporel : c'est le lit, la couche, c'est le coussin des divinités, omniprésent dans toutes les

6. Giovanni Bellini et Titien, *Le Festin des dieux* (détail), 1514-1529, huile sur toile. Washington, National Gallery of Art.

scénographies de *Ninfa* lorsqu'elle s'abandonne aux « basses forces » du désir et de l'horizontalité.

Mais, d'autre part, le *clinamen* dénote la *déviation* du mouvement : Lucrèce en a fait, c'est notoire, toute une théorie de la création des corps et de la matière[14]. On comprend alors que le mouvement de la chute, mouvement simple et *sans détour* (justiciable, à ce titre, d'une *compréhension* de type phénoménologique),

7. Titien, *Bacchanale* (détail), 1518-1519, huile sur toile. Madrid, Museo del Prado.

déploie cependant un ensemble de bifurcations possibles où, tout à coup, agissent des forces en conflit, des intensités déviées… Donc une structure de symptôme, donc une figurabilité, donc un *détour* (justiciable, à ce titre, d'une *interprétation* de type analytique). Autant la chute de *Ninfa* s'avère aussi évidente que possible, autant cette évidence emporte avec elle la mise en œuvre d'un « travail » fait, avant tout, de tensions et de compromis, de condensations et de

8. Giorgione et Titien, *Vénus endormie*, vers 1509, huile sur toile, 108 × 175 cm. Dresde, Gemäldegalerie.

déplacements (autre façon de nommer le *clinamen* en tant que dynamique de bifurcations).

Constater cela n'est rien d'autre que se rendre à l'évidence des toutes premières intuitions de Warburg concernant *La Naissance de Vénus* et *Le Printemps* : l'élément pathétique, dans ces tableaux de Botticelli, s'est déplacé depuis les personnages – eux-mêmes impassibles jusqu'à l'étrangeté – vers leurs « bordures », ces éléments « accessoires » mais « en mouvement » que sont les chevelures et les draperies dans le vent[15]. La *bifurcation symptomale* du corps en représentation et de son « accessoire en mouvement » est omniprésente dans les objets de l'étude warburgienne. Dans l'espèce de « film » que j'imagine ici – la chute progressive de *Ninfa* –, cette bifurcation prendra la forme d'une très lente dissociation de la nudité d'avec le tissu qui l'habillait d'abord : c'est comme si le drapé de *Ninfa* tombait à terre, tout seul, au ralenti, dénudant la jeune femme juste avant que celle-ci, à son tour, n'atteigne le sol, où le tissu la réaccueillera comme un drap de lit.

Dans le même mouvement, donc, adviennent la chute et la nudité de *Ninfa*. De ce mouvement choit un reste, un magnifique reliquat :

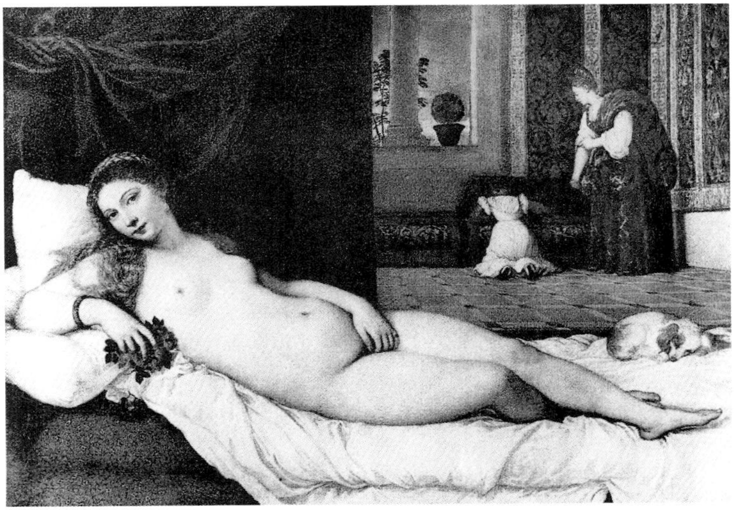

9. Titien, *Vénus d'Urbin*, 1538, huile sur toile, 119 × 165 cm. Florence, Galleria degli Uffizi.

c'est le drapé lui-même prenant son autonomie figurale. Les belles mourantes de l'art classique – telle la fameuse *Cléopâtre* du Vatican **[fig. 3]** – les Ménades antiques terrassées à la renverse dans le chaos général des sarcophages bachiques, toutes ces figures de *Ninfa* avaient gardé, le plus souvent, leur draperie serrée contre leur corps. Mais, dès la Renaissance, le mouvement s'accélère : les surfaces textiles (les plis) tendent à bifurquer des surfaces corporelles (les chairs).

Au début du XVIe siècle, Piero di Cosimo distingue sa *Vénus* couchée à terre de celle peinte par Botticelli vingt ans plus tôt **[fig. 4-5]** : il nous la montre presque entièrement déshabillée par l'acte d'amour qui vient d'être consommé avec Mars (mais la jeune déesse a encore le bras droit dans la manche de sa robe). Ailleurs chez Piero, c'est la menace d'un monstre, c'est l'angoisse ou les mouvements corporels de la terreur qui auront ouvert en grand le drapé d'Andromède attachée à son rocher comme la victime d'un sacrifice[16].

Mais le tournant décisif est donné par Bellini et Titien : c'est, rejetée sur la bordure droite du tableau – comme chez Ghirlandaio, comme chez Botticelli –, que *Ninfa* commence de «choir» véritablement,

10. Corrège, *Danaé* (détail), 1531, huile sur toile. Rome, Galleria Borghese.

sous la figure d'une jeune endormie dans *Le Festin des dieux* : le drapé de sa robe est béant sur son sein. Une main d'homme n'hésite pas à compléter le déshabillage, sous le regard impassible de tous les autres personnages du tableau **[fig. 6]**.

Titien devait donner à cette figure de bord une force incomparable dans sa *Bacchanale* du Prado : la Nymphe, désormais (ou la Ménade, peu importe), est passée à l'avant-plan, entièrement nue, son corps offert frontalement, son visage rejeté en arrière, les joues toutes rougies du désir assouvi ou bien rêvé, un fouillis de robe blanche – vieux souvenir d'état pudique, lambeau encore agité par la

11. Corrège, *Léda* (détail), vers 1531, huile sur toile. Berlin, Staatliche Museen.

fête bachique – accroché à son bras gauche[17]. Au-dessus d'elle semble figuré l'état initial des actes qui l'ont dénudée jusqu'à l'épuisement : d'autres personnages agitent leurs draperies réciproques comme pour une danse d'amour, la charmante parade séductrice des « accessoires en mouvement » **[fig. 7]**.

Il est aisé de constater que, depuis la *Vénus* allongée de Botticelli jusqu'à la *Vénus d'Urbin* de Titien – et toutes ses variantes au-delà –,

12. Tintoret, *Tarquin et Lucrèce*, 1559, huile sur toile, 175 × 151,5 cm. Chicago, The Art Institute.

les robes sont pour ainsi dire tombées. Lorsqu'un corps est déshabillé de ses voiles, le tissu prend, non moins que la chair, son autonomie visuelle et sa « vie » propre. Ainsi, la draperie retire de ce processus une fonction iconologique et phénoménologique renouvelée, plus puissante, à certains égards, qu'autrefois. Le *drapé* qui recueillait, qui habillait le pathos des corps, fait place désormais à un *drap* où s'allongent, où s'abandonnent, où s'offrent les corps **[fig. 8-9]**. Et de même que la *toile* des tableaux en général fait office d'*écran* – au sens cinématographique – pour une véritable encyclopédie du fantasme *all'antica*, de même les *tissus*, hyperbolisés dans tant de scènes mythologiques au XVIe siècle, feront office de *réceptacles* – tout à la fois métaphoriques et métonymiques – pour la substance imaginaire du désir.

On l'observe partout, notamment dans les différentes versions de *Danaé* par Titien, où la texture des draps, voire des tabliers de servante, participe intensivement, empathiquement, à la représentation érotique[18]. C'est encore plus flagrant dans les tableaux mythologiques de Corrège : sa *Danaé*, bien sûr, mais surtout *Io* et *Léda*, où le

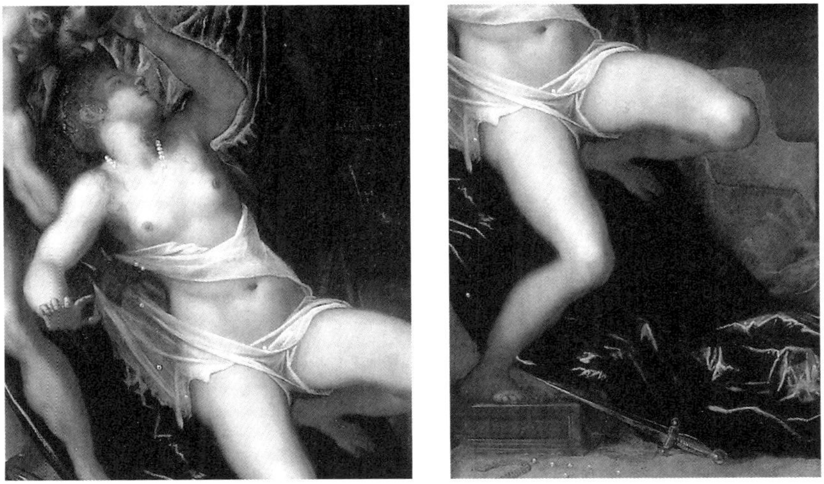

13 a et b. Tintoret, *Tarquin et Lucrèce* (détails), 1559.

corps féminin se voit littéralement *pris* – voilà le véritable embrassement à l'œuvre dans ces tableaux – entre deux surfaces tactiles, deux douceurs concomitantes : le drapé (blanc) d'un côté, le corps divin (duvet blanc pour Léda, nuée grise pour Io) de l'autre[19] **[fig. 10-11]**.

Toute cette évolution ne fait que confirmer le rôle reconnu par Warburg à la draperie comme « outil pathétique » : les *tissus* apparaissent souvent – surtout dans les tableaux de la Renaissance où la *nudité* et la *tactilité* sont mises en scène – comme les « surfaces sensibles », les *champs dynamophores* de la figuration tout entière[20]. En tant que telles – et toujours dans les termes mêmes qui furent ceux de Warburg –, ces surfaces se montrent capables d'accueillir un large éventail d'« inversions dynamiques ». Par exemple, ce que fait Corrège avec la *douceur* pelucheuse (plumes du cygne), Tintoret saura le dramatiser en *tranchant* mortel : dans *Tarquin et Lucrèce*, peint en 1559, il ne reste à la jeune violée que des lambeaux de robe, tandis que les perles de son collier se dispersent sur le sol. Mais, tout autour, les rehauts lumineux transforment chaque pli des draperies en signes visuels aussi coupants que l'épée du premier plan **[fig. 12-13 a et b]**.

14 a. Titien, *Bacchus et Ariane*, 1523, huile sur toile, 175,2 × 190,5 cm. Londres, National Gallery.

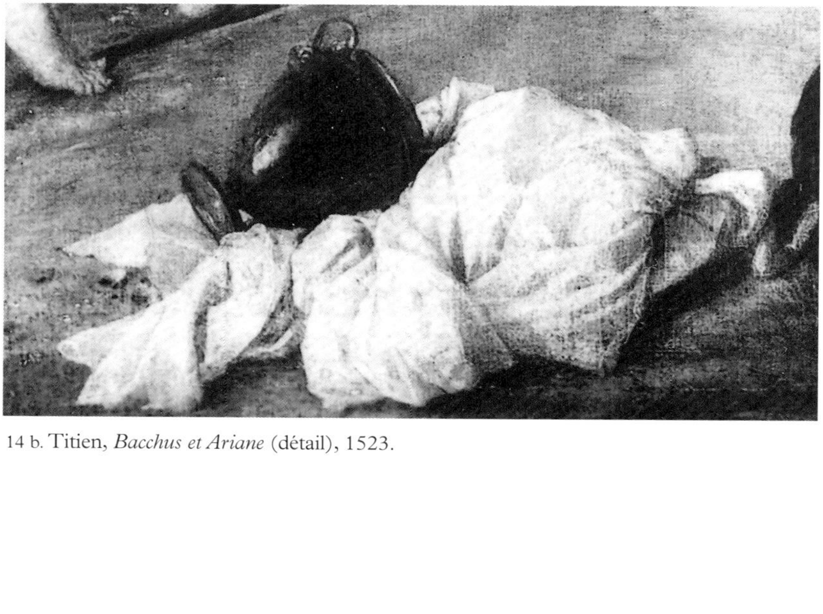

14 b. Titien, *Bacchus et Ariane* (détail), 1523.

15 a. Nicolas Poussin, *Le Triomphe de Pan*, 1636, huile sur toile, 138 × 157 cm. Londres, National Gallery.

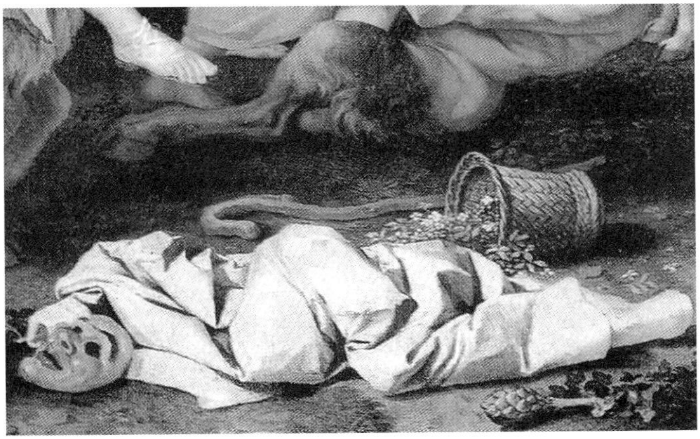

15 b. Nicolas Poussin, *Le Triomphe de Pan* (détail), 1636.

Il arrive, enfin, que ces draperies obsidionales – globales, voraces, omniprésentes – viennent se replier, se chiffonner tout d'un coup dans un coin du tableau, généralement à sa bordure inférieure, juste devant notre œil. Titien jette-t-il une Nymphe dénudée dans le coin droit de sa *Bacchanale* **[fig. 7]** ? Il jettera, symétriquement, une robe en tas chiffonné dans le coin gauche de son *Bacchus et Ariane*[21] **[fig. 14]**.

Poussin, au XVIIe siècle, conjuguera lui aussi ces deux processus complémentaires : d'un côté, il inventera de nouvelles *Pathosformeln* du désir (je pense aux postures extraordinaires, extraordinairement *modernes*, des corps féminins dans toute la série des *Bacchanales*[22]). D'un autre côté, il jettera simplement, en contrepoint au véritable tumulte charnel du *Triomphe de Pan*, une simple draperie blanche près d'un bouquet renversé et d'un masque de comédie[23] **[fig. 15]**. L'orgie des dieux antiques laisse toujours des restes visibles aux humains arrivés plus tard : ce tas, ce reste central, ce beau chiffon en est un. Troublant pour le destin qu'il fait subir à l'anthropomorphisme : la forme humaine s'est absentée, en effet. Mais elle demeure en suspens – ou plutôt en *repli*, en *rebut* –, comme une dernière forme possible pour le désir humain. Quelque chose comme un haillon du temps.

De la sainte, et de ses restes

Récapitulons brièvement le «film» de notre hypothèse, son mouvement général : l'antique *Ninfa* warburgienne, cette créature de la survivance qui courait de tableaux en reliefs à l'époque humaniste (Botticelli, Donatello), ralentit son pas et finit par choir au seuil de la représentation moderne (Titien, Poussin). La voici, désormais, *couchée* dans les angles des tableaux mythologiques – bientôt affalée, dans les coucheries libertines de Boucher ou de Watteau, avant la pornographie des nus de Courbet ou de Rodin –, mais aussi *cachée* dans les restes, dans les plis, dans les haillons de sa propre déchéance. Le mouvement de sa chute est tout à la fois sexualisé et mortifère. Il finira, c'est déjà prévisible, dans le rebut et dans l'informe.

Tel est sans doute le destin des formes survivantes. Heinrich Heine, écrivant en 1853 sur «Les dieux en exil», notait qu'à la fin de l'Antiquité «ces pauvres dieux et déesses, avec toute leur cour, [...] durent prendre la fuite et chercher leur salut sous des travestissements de toute espèce et dans les cachettes les plus obscures, lorsque le vrai Dieu parut avec la croix[24]». Posons donc notre regard dans l'une de ces cachettes chrétiennes de *Ninfa*. Arrêt provisoire sur image : c'est une extraordinaire sculpture en marbre blanc **[fig. 16]**.

On la trouve dans une chapelle obscure de l'église Santa Cecilia in Trastevere, à Rome. Elle représente une jeune fille écroulée par terre, le corps en chien de fusil, les deux bras jetés en avant, la tête étrangement retournée contre le sol. De cette figure émane un double sentiment de déréliction totale, accentuée par l'absence du visage, et d'élégance suprême due, probablement, au magnifique drapé qui revêt son corps entier selon un dispositif de pudeur qui va jusqu'à substituer le voile à toute indication de chevelure. L'œuvre date de l'an 1600. Elle est signée par un sculpteur peu connu, Stefano Maderno (1576-1636), qui fut d'abord restaurateur de statues antiques[25].

Nous sommes là comme devant l'anti-nymphe, l'anti-ménade par excellence. Maderno, on l'imagine, voulut oublier dans cette œuvre toutes ses références au paganisme gréco-romain, et se consacrer entièrement – comme de près, presque au corps à corps – à une très humble, à une très chaste et très chrétienne chair martyre. Il s'agit de sainte Cécile, connue pour avoir souffert « vers l'an du Seigneur 223, du temps de l'empereur Alexandre. On lit cependant ailleurs qu'elle souffrit du temps de Marc Aurèle, qui régna vers l'an du Seigneur 220[26] ».

Jacques de Voragine et tous les hagiographes à sa suite ont raconté l'histoire de cette jeune vierge qui réussit à convaincre son époux, non seulement de ne jamais la toucher, mais encore de se convertir et de donner tous ses biens à l'Église du Christ. Elle dut assister au supplice – par décapitation – du pauvre homme, juste avant de subir le sien : plongée aux bains publics (ce lieu de débauche par excellence) dans la vapeur bouillante pendant une nuit et un jour, puis décapitée à son tour, sur place (c'est-à-dire sur le carrelage d'une « salle de bains », comme on lit dans les textes). Mais, lit-on aussi dans *La Légende dorée*,

> « Le bourreau la frappa par trois fois au cou, sans pouvoir lui couper la tête. Et parce qu'une loi défendait de frapper quatre fois la victime, le bourreau ensanglanté laissa Cécile à demi morte. Durant les trois jours qu'elle survécut, elle donna tout ce qu'elle possédait aux pauvres, et recommanda à l'évêque Urbain tous ceux qu'elle avait convertis : "J'ai demandé, lui dit-elle, ce délai de trois jours afin de recommander ceux-ci à votre béatitude, et pour que vous consacriez cette maison qui m'appartient afin d'en faire une église." Saint Urbain ensevelit son corps [...] et consacra sa maison qui devint une église, comme elle l'avait demandé[27]. »

16. Stefano Maderno, *Sainte Cécile*, 1600, marbre. Rome, Santa Cecilia in Trastevere.

La statue de Maderno semble vouloir fixer cette durée improbable : la jeune sainte immobilisée trois jours sur le carrelage, agonisante, la tête à moitié tranchée, dispensant tout de même sa bonté et sa foi ; ou bien la sainte à jamais reposée dans la posture si étrange de sa mort. Maderno n'a pas omis de sculpter une grosse goutte de sang – blanche comme un lait de pierre – qui suinte de la coupure. Le voile qui retombe de la tête et s'épand juste à côté prend figure de substitut pour un flot bien plus effrayant : après tout, sainte Cécile est posée sur sa grande dalle de marbre comme un animal le serait aux abattoirs, son cou pissant le sang.

Il faut, d'emblée, comprendre que l'étrangeté de la posture, notée par tous les commentateurs, revient simplement à placer le spectateur, non pas face à la sainte – c'est-à-dire à son portrait, à son visage, à sa stature –, mais face au *trait organique de son sacrifice* même : le cou entaillé de la jeune fille, offert au regard du dévot comme il fut offert à la lame du bourreau. Organe meurtri, si tendre, si délicat : il émeut la contemplation mieux que ne le ferait une mimique béate sur le visage de la sainte (je pense à la mièvrerie qui flotte tout de même un peu sur l'expression de sainte Cécile, dans le tableau célèbre de Raphaël à Bologne).

Nous sommes bien loin, en tout cas, des constructions métaphoriques – d'ailleurs basées sur de fautives interprétations textuelles de la *Passio* originale – faisant de sainte Cécile la patronne éthérée des musiciens[28]. La statue de Maderno doit être comprise dans le contexte cultuel d'une Contre-Réforme tendue tout entière – dans sa rivalité mimétique avec le « primitivisme » des Réformateurs protestants – vers une réassomption globale des monuments et des valeurs du christianisme héroïque de l'Antiquité tardive, celui des martyrs et des catacombes de Rome. « On ne connaissait alors que les petites Catacombes de Saint-Sébastien, sur la voie Appienne, qui avaient perdu presque tout leur caractère », écrit Émile Mâle. Mais :

> « Elles suffisaient cependant à émouvoir. Saint Charles Borromée, quand il était à Rome, y demeurait de longues heures en prière, et recueillait pieusement dans des urnes les cendres qu'il trouvait dans les tombeaux ouverts. Saint Philippe de Néri allait souvent y passer la nuit ; avec un livre et un

> morceau de pain, il s'engageait sans peur dans les ténèbres sur l'antique voie romaine où l'on craignait de rencontrer le démon. Il lui arrivait de lire, de méditer et de prier dix heures de suite, à la lueur d'une lampe, au milieu des tombeaux ; il s'enthousiasmait pour l'Église primitive et s'abîmait parfois dans l'extase. En 1544, la nuit de la Pentecôte, nous dit son biographe, il eut un tel élan d'amour que deux de ses côtes se dilatèrent pour laisser plus de place aux battements de son cœur. [...] À des pèlerins qui lui demandaient des reliques, le pape Pie V avait répondu : "Prenez de la terre de Rome, elle a été arrosée tout entière par le sang des martyrs[29]." »

C'est donc à cette époque que la terre de Rome – la fameuse *Roma sotterranea* – fit, pour la première fois, l'objet d'une véritable archéologie chrétienne. La basilique et la crypte de Santa Cecilia in Trastevere furent passées au peigne fin, en quête des plus antiques témoignages de son culte[30]. Et c'est alors – le 20 octobre 1599, pour être précis – que l'on découvrit un cercueil de bois précieux où l'on reconnut l'écrin des saintes reliques de Cécile, telles que le pape Pascal Ier les avaient déjà enfermées en l'an 821. Les autorités « archéologiques » (Baronius, Bosio) comme les autorités ecclésiastiques (le cardinal Emilio Sfondrati, le pape Clément VIII en personne) reconnurent tous qu'ils avaient là, sous leurs yeux, le corps « entier » (*intero*) et « intact » (*intatto*) de la jeune vierge martyrisée quatorze siècles plus tôt[31]. Détail émouvant :

> « [...] elle était couchée sur le côté droit, les genoux légèrement repliés, une étoffe de soie verte, rayée de rouge sombre, l'enveloppait tout entière et dessinait parfaitement ses lignes ; sous le voile, une robe d'or, maculée de sang, brillait vaguement. En voyant cette jeune sainte, qui semblait dormir, les spectateurs furent saisis d'un profond respect ; personne n'osa enlever le voile, "car il semblait, dit Baronius, que le fiancé veillât sur sa fiancée endormie". Clément VIII, quand il vint, à son tour, de Frascati, "contempler la merveille", voulut qu'elle demeurât intacte, et il ordonna d'enfermer l'antique cercueil de bois de cyprès dans une enveloppe d'argent semée d'étoiles[32] ».

Il n'y a, dans cet événement et dans sa conséquence spectaculaire – la statue elle-même –, pas moins de trois espèces d'inventions. La première doit s'entendre au sens *archéologique*, celui de la découverte (incontestable) de restes corporels datant probablement de la fin de l'Antiquité. La deuxième est une invention *hagiographique* qui tourne tout entière autour du « détail émouvant » (la fameuse posture), lui-même rendu possible par le caractère miraculeux de l'intégrité (entièreté, non-corruption) du corps de la jeune fille. À partir de là se met en place une invention proprement *artistique*, qui prolongera le miracle de corps en prodige de la représentation.

Ce mythe artistique s'exprime dès 1642, lorsque Giovanni Baglione, dans ses *Vite*, décrit la statue de Maderno comme une représentation de Cécile « dans l'état précis – Baglione écrit même : l'acte – où le corps de la sainte avait été trouvé » (*nell'atto appunto che fù trovata*)[33]. Cette reconstitution testimoniale de la sculpture a prévalu jusqu'au XXe siècle : Émile Mâle la reprend à son compte lorsqu'il imagine que, dans le temps très bref où le cercueil de bois fut ouvert devant les autorités ecclésiastiques, des artistes eurent le temps d'en faire une esquisse[34].

Mais personne n'a mieux dramatisé cette invention artistique que l'historien Marcel Reymond en 1892 : son récit conjugue parfaitement la vision romantique du jeune génie avec la ferveur sulpicienne du pécheur repenti – littéralement converti – par la vision de la pauvrette.

> « Un jour, un sculpteur, en quête d'émotions, cherchant sur quelle infortune il ferait verser nos larmes, errait à travers cette ville de Rome si riche de tous les souvenirs du passé. Il entre dans une petite église du Transtévère et que voit-il ? Dans une tombe qu'on vient d'ouvrir, sur la dalle de pierre, comme la plus merveilleuse apparition du ciel, couchée dans sa robe virginale, une enfant, une fleur coupée, semble dormir. Elle est là depuis plus de mille ans et, n'était cette horrible balafre de sang qui, comme un cercle de mort, enserre ce beau cou d'ivoire, on dirait qu'elle va secouer ce long sommeil et renaître à la vie. Elle est là telle qu'elle était le jour où ses yeux se sont fermés à la

lumière ; le long sommeil des martyrs semble avoir voulu respecter tant de jeunesse et tant de beauté.

« Et aux yeux de ce curieux du XVIIe siècle, de cet artiste raffiné, peut-être corrompu, comme sous la baguette d'une fée, l'âme chrétienne se révèle dans toute sa virginale pureté. Maderne emplit ses yeux de cette vision céleste, il copie cet incomparable modèle que le ciel lui envoie et il crée cette merveille qui est la *Sainte Cécile*[35]. »

Entre l'édification religieuse et le fantastique à la Théophile Gautier, ce récit veut nous convaincre à la fois d'un prodige d'intégrité corporelle ayant traversé les temps (« tout le charme de sa virginale beauté... ») et d'un prodige d'intégrité mimétique, c'est-à-dire d'habileté, mais aussi d'humilité stylistique (« ...fixée dans le marbre par un artiste sincère qui sut la comprendre et la reproduire[36] »). Pour créer à tant d'humilité chrétienne un repoussoir esthétique – maniériste et païen –, Marcel Reymond finit par affirmer qu'« aucun des élèves de Michel-Ange n'eût consenti à regarder cette jeune martyre ; tous ils eussent méprisé cette simplicité et, ne trouvant pas dans ce corps frêle d'enfant les violences de l'attitude et la force des muscles, ils eussent passé indifférents[37] ».

Mais cette époque, où l'invention – hagiographique et artistique – s'exprime avec le plus d'emphase, est aussi l'époque où les doutes ont commencé d'assombrir tout cet édifiant tableau. Dès 1887, Barbier de Montault, dans un texte qui est sans doute la première étude iconographique consacrée à sainte Cécile[38], résumait assez bien le faisceau de difficultés archéologiques inhérent à la découverte du corps en 1599 : comment se fait-il que sa taille ait été si petite (Bosio l'avait mesuré : « cinq et demi, six palmes de long », écrit-il, ce qui fait entre un mètre vingt-quatre et un mètre trente-cinq centimètres) ? Peut-on parler d'un corps « intègre » (*integrum*) alors qu'on le décrit comme « desséché » (*dessicatum*) et, pire, réduit à ses « os secs » (*exsuccis ossibus*) ? Barbier de Montault chercha le compromis en disant que, « très probablement, le corps avait perdu sa chair et sa peau, il ne restait que les ossements, sensibles à travers les vêtements, le squelette continuant à dessiner une forme humaine[39] ».

Rien de tout cela n'apaise néanmoins l'impression très nette que Bosio, dans le texte officiel de la « découverte », décrit la statue de Maderno en faisant croire qu'il décrit le corps lui-même[40]. Barbier de Montault s'étonne à juste titre que la position des mains de la sainte, dans son cercueil de bois, n'ait fait l'objet d'aucun commentaire particulier alors que, sur la statue, elles dessinent une figure littéralement miraculeuse : « Un seul Dieu », semble dire la main du dessus, « En trois Personnes », semble répondre la main du dessous... D'autre part, nul observateur, devant le cercueil, n'a évoqué le voile qui entoure la tête, pas plus que la robe légère pourvue d'une ceinture et d'agrafes aux épaules[41].

En son temps, Barbier de Montault n'osa pas assumer clairement la conséquence de tous ces hiatus : la statue est une pure *invention*, en effet. Elle ne correspond à rien de ce que les « découvreurs » du corps – ses *inventeurs*, comme on dit – ont probablement vu dans la vieille caisse de cyprès. Mais qu'ont-ils vu ? Un article publié en 1923 dans le *Bulletin de littérature ecclésiastique* donne une réponse qui, si j'ose dire – et malgré les précautions d'usage, dans ce genre de discussions –, ne fait pas dans la dentelle : en ouvrant la châsse, les « inventeurs » de sainte Cécile n'ont vu que voiles sales, vieux linges, haillons chiffonnés, lambeaux poussiéreux. Un *drapé en tas*, ramassé au fond d'une boîte trop petite, décidément, pour être assimilée à un cercueil :

> « Ce qu'ils ont vu, c'est le coffre de cyprès de six empans, construit et réduit à la façon d'une châsse, non d'une bière. Ils ont vu des tissus de soie, l'un superficiel, servant de couverture, et, au travers de celui-ci, d'autres gazes maculées par endroit, et des linges froissés à une extrémité. Ils ont vu un léger gonflement de ces tissus, dessinant une forme qu'ils ont essayé d'interpréter.
>
> « Ce qu'ils n'ont pas vu, c'est un ossement quelconque : ni le crâne, ni les os des mains ou des pieds. Ils n'ont vu ni organe momifié, ni peau desséchée, ni "cicatrices de plaie" sur le col.
>
> « Ce qu'ils ont cru voir, au contour des souples tissus affaissés et déprimés, c'est une forme humaine, ramenée aux deux tiers environ de la taille normale de l'adulte, un abrégé de femme faite, dans la position d'une dormeuse. N'apercevant rien du visage, ils l'ont cru tourné vers le sol[42]. »

On est loin du « corps intègre » supposément conservé dans la vieille caisse. Si le pape Clément VIII a regardé sans rien toucher, n'osant pas soulever un seul bout de tissu, refermant le couvercle de cyprès aussi prestement que pieusement – comme le racontent Baronius et Bosio –, ce n'est pas tant qu'il désirait laisser la jeune vierge à l'éternité de son adorable sommeil. C'est plutôt qu'il n'y avait à voir, en tout et pour tout, qu'un vague *désordre de tissus*. Quelque chose était dessous, peut-être, peut-être des ossements. Mais personne ne voulut vérifier, malgré le caractère officiel de l'authentification. Les dimensions de la caisse, *a fortiori* celles du « tas » qui s'y trouvait, sont telles que l'hypothèse du corps intègre, même replié dans sa fameuse posture, s'avère intenable. Comme demeure invraisemblable l'explication, proposée par Bosio, d'une rétractation des os avec le temps[43].

Pour mieux s'y retrouver, il devient nécessaire de replacer l'invention de 1599 dans l'histoire même de la relique. Ce que les Romains du XVIIe siècle ont vénéré avait déjà été « inventé » en 821, sous le pontificat de Pascal Ier. Les documents médiévaux[44], bien que d'une interprétation délicate, laissent comprendre que la découverte fut, déjà, celle d'un tas informe où l'on discernait surtout un vêtement, des voiles et, à leur côté, des linges maculés. Mais, surtout, il est fort probable qu'à cette époque la tête fut détachée – à moins qu'elle ne le fût déjà, si le cadavre était réellement celui d'une martyre décapitée – pour être conservée à part dans une cassette (*arcella*), puis dans un reliquaire d'argent[45]. Si bien que la statue de Maderno *retourne* contre le sol et *voile* au spectateur une tête qui, très probablement, ne se trouvait même pas dans la châsse de bois précieux.

> « Au lieu de cendres ou d'os blanchis, ils virent de riches tissus, plus qu'à demi consumés par le temps, et, sous ces voiles ténus mais opaques, une faible saillie qui semblait dessiner une forme humaine allongée. [...] Ce n'était donc plus qu'un squelette, effondré et aplati, d'un bien faible relief, soulevant peu les voiles superposés, exigeant des spectateurs un certain effort d'imagination pour arriver à la représentation d'une forme plastique. Un séjour de cinq ou six siècles dans le tuf des cryptes de Saint-Callixte avait dû produire son œuvre de décomposition

17. Anonyme romain, *Perse mort*, copie d'un original grec, marbre. Naples, Museo Archeologico Nazionale.

totale des matières organiques. L'absence certaine du chef permet de donner son véritable sens à la phrase de Baronius touchant l'attitude de Clément VIII. Le pape, dit-il, se refusa à soulever les voiles qui cachaient le corps desséché, *satis ad fidem esse sciens membra singula cognovisse per superposita vela*... S'il avait touché et palpé, la vérité lui serait apparue toute claire; il s'est donc contenté de regarder[46]. »

Maderno – le lecteur s'en doutait peut-être depuis le début – a donc presque tout inventé : la fameuse posture, la « chair intègre », la tête et son voile, la cicatrice sur le cou, les deux mains réunies dans leur « dialogue trinitaire »... Tout cela résulte d'une composition raffinée, non de l'observation d'un cadavre pourrissant depuis quatorze siècles dans sa caisse de planches. Ce que Maderno n'a pas complètement inventé, en revanche – désignons par là son respect du référent archéologique, c'est-à-dire la relique –, est la connivence fondamentale qui liait l'*invention du corps saint*, en 1599, et le paradoxe visuel proposé par ce *tas de voiles* ou de haillons que découvrirent d'abord les autorités ecclésiastiques. La force, la beauté de cette sculpture tiennent pour une grande part

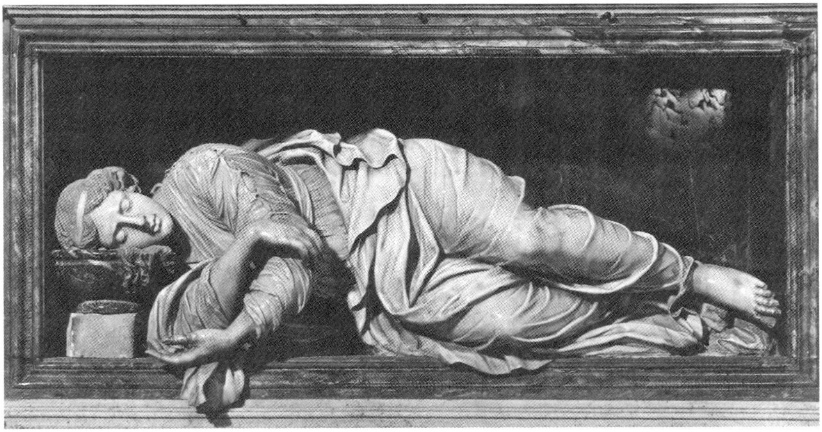

18. Niccolò Menghini, *Sainte Martine*, 1635, marbre. Rome, Santi Martina e Luca.

à l'habileté de Maderno, non pour « dessiner cette fugitive vision » de la sainte, comme l'écrivait Émile Mâle, mais pour transformer ce *tas informe* de draperies en *forme drapée*, en œuvre sculptée, solide, durable – une œuvre de la visibilité « en retrait » plutôt que « fugitive ».

Repliée dans un sommeil sans vis-à-vis, la *Sainte Cécile* de Maderno est aussi comme chiffonnée sur elle-même – mais c'est un chiffonnement rendu *présentable* par l'appel à certaines conventions du *représentable*, justement. L'élégance pathétique de la posture emprunte directement à une antique « formule », une *Pathosformel* que l'artiste avait pu rencontrer, dans son travail de copiste, sur les reliefs hellénistiques ou romains figurant le type du « Perse mort[47] » **[fig. 17]**. La *Sainte Cécile* n'en devint pas moins « l'une des statues les plus célèbres de son temps[48] ». Elle connut de nombreuses variantes, plus ou moins réussies : telles la *Sainte Martine* de Niccolò Menghini (1635) ou la *Sainte Anastasie* de Francesco Aprile (1685), toutes deux à Rome **[fig. 18]**. Elle connaîtra aussi un destin ultérieur – romantique, notamment – qui se laisse deviner jusque dans la représentation de *La Mort d'Ophélie* par Eugène Delacroix[49].

Mais il ne faut pas, non plus, perdre de vue que le chef-d'œuvre de Maderno, si singulier soit-il, fait lui-même partie d'un système où la *figuration des corps effondrés* en général – dans la statuaire classique ou contemporaine, païenne ou chrétienne – l'inclut comme une variante parmi d'autres. À seulement retenir les deux critères de la posture et du drapé, nous pourrions aisément situer la *Sainte Cécile* dans un large tableau de possibilités où elle s'opposerait, en termes d'« inversions dynamiques » – concept cher à Warburg[50] –, à d'autres variantes de la même époque. Cécile est retournée vers le sol et comme *refermée* sur elle-même : aussi spectaculairement, en somme, que d'autres corps saints *s'ouvrent* et s'offrent, étendus sur le dos, au bien (extase) ou au mal (agonie) qui les anéantit. Pensons, pour les seules œuvres romaines de ce temps, à la *Bienheureuse Ludovica Albertoni* du Bernin, au *Saint Laurent* du même, au *Saint Sébastien* de Giuseppe Giorgetti, sans parler de leur idée fixe commune, à savoir le Christ abandonné dans le giron de la *Pietà* de Michel-Ange[51] **[fig. 19-21]**. Sans parler de la sculpture funéraire en général[52].

Il n'est pas question, bien sûr, de mettre toutes ces œuvres sur le même plan. Mais le point de vue warburgien des « inversions dynamiques » présente l'avantage structural de traverser toutes les frontières iconographiques, génériques et idéologiques : une même morphologie peut être utilisée par les artistes dans des contextes et pour des enjeux symboliques très différents, si ce n'est antithétiques. Ainsi, pour représenter son innocente sainte chrétienne, Maderno n'a pas hésité à mettre en jeu un outil figuratif autrefois utilisé pour représenter des barbares vaincus au combat. Quant aux extases et aux agonies baroques du Bernin ou de Giorgetti, elles utilisèrent des solutions déjà existantes dans le contexte païen et sensuel du jeune fils de Niobé (offert pour la mort aux flèches d'Apollon), voire de l'*Hermaphrodite* restauré par le Bernin en personne (et offert, lui, pour un plaisir des yeux non équivoquement tourné vers un fantasme sodomite[53]) **[fig. 22-23]**.

Dans cette casuistique des *corps ambivalents* – fermés-offerts, féminins-masculins, pudiques-érotiques, chrétiens-païens –, la draperie joue un rôle éminent : elle donne l'*opérateur de conversion*, l'interface subtile, quelquefois neutre, quelquefois sublime, de toutes les contradictions où jouent ensemble le *spectacle* et la *chute*

19. Gian Lorenzo Bernini, *La Bienheureuse Ludovica Albertoni*, 1671, marbre. Rome, San Francesco a Ripa, chapelle Altieri.

20. Giuseppe Giorgetti, *Saint Sébastien*, 1668-1672, marbre. Rome, San Sebastiano fuori le Mura, chapelle de saint Sébastien.

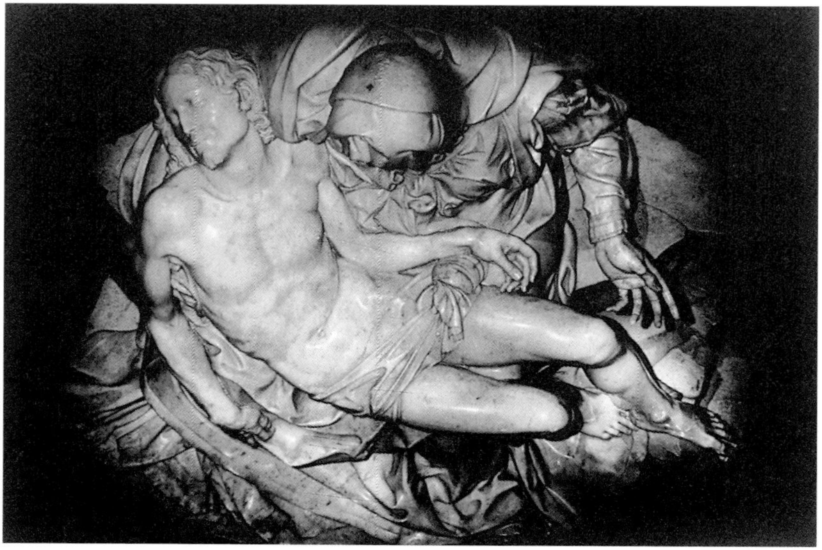

21. Michel-Ange, *Pietà*, 1499, marbre. Rome, Saint-Pierre (photo Robert Hupka).

des corps. C'est grâce à l'omniprésence du drapé – jusque sur sa tête – que la *Sainte Cécile* de Maderno apparaît si écrasée, si pudique dans la mort; c'est grâce au même drapé qu'elle apparaît si sensuellement légère, endormie devant nous, simplement abandonnée comme pouvaient l'être une nymphe de l'Antiquité **[fig. 3-7]** ou bien son substitut jeté à terre, une robe chiffonnée résumant à elle seule tous les désordres du désir **[fig. 14-15]**. À l'autre extrémité de cet horizon humaniste ou antiquisant se place, évidemment, l'horizon chrétien, voire christique : c'est celui du *corps réduit au drapé* – au suaire – qui le recouvre entièrement et, tout à la fois, le reconfigure pour un puissant désir de voir, ainsi qu'on peut l'expérimenter devant l'extraordinaire *Cristo velato* de Giuseppe Sammartino à Naples **[fig. 24]**.

D'un point de vue plus morphologique, il en serait de la *Sainte Cécile*, jetée en tas, ramassée, chiffonnée sur sa dalle de marbre, comme de ces natures mortes baroques envahies de nappes en désordre, et à propos desquelles Gilles Deleuze a parlé de figures « tellement rempli[es] de plis qu'on obtient une sorte de "bourrage" schizophrénique[54] ». La remarque est surtout juste pour *La Bienheureuse Ludovica Albertoni* du Bernin, dont la main gauche se distingue à peine du véritable *pathos textural* qui envahit toute la statue, depuis le socle jusqu'aux moindres détails, les broderies du coussin par exemple[55] **[fig. 19 et 25]**.

La *Sainte Cécile* répond néanmoins parfaitement aux trois aspects fondamentaux du *pli baroque* dégagés par Deleuze dans les mêmes pages. Le premier est l'*étirement* – « un maximum de matière pour un minimum d'étendue[56] » –, ce qui correspond bien à la façon dont Maderno a hyperbolisé, en draperies de marbre, l'humble tas de haillons à quoi le cadavre de la sainte était réduit dans sa caisse de bois. Le deuxième est l'*intensification*, aspect déjà reconnu par Warburg dans son analyse des draperies renaissantes : « Dans tous ces cas, les plis du vêtement prennent autonomie, ampleur, et [...] c'est pour exprimer l'intensité d'une force spirituelle qui s'exerce sur le corps, soit pour le renverser [comme dans le cas de la *Sainte Cécile* ou de *La Bienheureuse Ludovica*], soit pour le redresser ou l'élever [comme dans le cas de la *Sainte Thérèse* du Bernin[57]], mais toujours le retourner et en mouler l'intérieur[58]. »

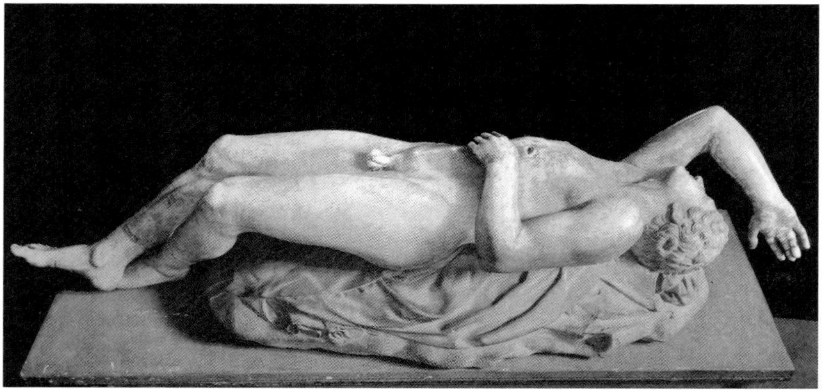

22. Anonyme romain, *Fils de Niobé*, copie d'un original grec du IIIe-IIe siècle av. J.-C., marbre. Florence, Galleria degli Uffizi.

Idée – ou fiction théorique – fascinante : tout ce déploiement textural ne serait-il, au bout du compte, que la face visible d'un grand *moulage d'entrailles* ? Quoi qu'il en soit, le rapport établi par Deleuze entre *extension* et *intensité* finit par dégager un troisième aspect du pli, qui est l'*inhérence*. Le pli, « c'est une enveloppe d'inhérence ; [...] ce qui est plié, c'est l'inclus, l'inhérent ». En cela, conclut Deleuze, « on dira que ce qui est plié est seulement virtuel et n'existe actuellement que dans une enveloppe, dans quelque chose qui l'enveloppe[59] ».

La *Sainte Cécile* est tout cela ensemble : elle *étire* la corporéité inexistante – ou poussiéreuse, ou squelettique, résiduelle en tout cas – de la sainte dans sa représentation toute de draperies ; elle *intensifie* la présentation misérable d'un cadavre au sol en inventant une posture « en pli » ou, plutôt, en repli de corps et de visage ; enfin, elle *enveloppe* le corps saint inatteignable dans une pure virtualité figurale qui, justement, prend forme de voiles pliés et chiffonnés. Telle est bien la puissance de cette image : « La puissance elle-même est acte, écrit Deleuze, [et] c'est l'acte du pli[60]. »

Un tas de haillons jeté par terre et maintenu dans sa chute : acte et puissance en même temps. Comme le désir, qui consume (met en flammes) les corps et jette par terre la dernière robe de *Ninfa*.

23. Anonyme romain, *Hermaphrodite*, copie d'un original grec du IIe siècle av. J.-C. (attribué à Polyklès), marbre restauré par Gian Lorenzo Bernini au XVIIe siècle. Paris, musée du Louvre.

Comme la mort qui consume (met en cendres) les corps et jette par terre la robe d'Arria Marcella, soudain vidée de la vie – trop païenne, trop peu chrétienne – qu'elle enveloppait avec tant de grâce :

> « – Arrius, grâce, mon père, ne m'accablez pas, au nom de cette religion morose qui ne fut jamais la mienne ; moi, je crois à nos anciens dieux qui aimaient la vie, la jeunesse, la beauté, le plaisir ; ne me replongez pas dans le pâle néant. Laissez-moi jouir de cette existence que l'amour m'a rendue.
>
> « – Tais-toi, impie, ne me parle pas de tes dieux qui sont des démons. [...] Allons, malheureuse, reprit le vieillard, il faut employer les grands moyens, et rendre ton néant palpable et visible [...]. Et il prononça d'une voix pleine de commandement une formule d'exorcisme qui fit tomber des joues d'Arria les teintes pourprées que le vin noir du vase myrrhin y avait fait monter.
>
> « En ce moment, la cloche lointaine d'un des villages qui bordent la mer ou des hameaux perdus dans les plis de la montagne fit entendre les premières volées de la Salutation angélique.
>
> « À ce son, un soupir d'agonie sortit de la poitrine brisée de la jeune femme. Octavien sentit se desserrer les bras qui l'entouraient :

24. Giuseppe Sammartino, *Il Cristo velato*, 1753, marbre. Naples, Cappella Sansevero.

les draperies qui la couvraient se replièrent sur elles-mêmes, comme si les contours qui les soutenaient se fussent affaissés, et le malheureux promeneur nocturne ne vit plus à côté de lui, sur le lit du festin, qu'une pincée de cendres mêlée de quelques ossements calcinés parmi lesquels brillaient des bracelets et des bijoux d'or, et que des restes informes [...][61]. »

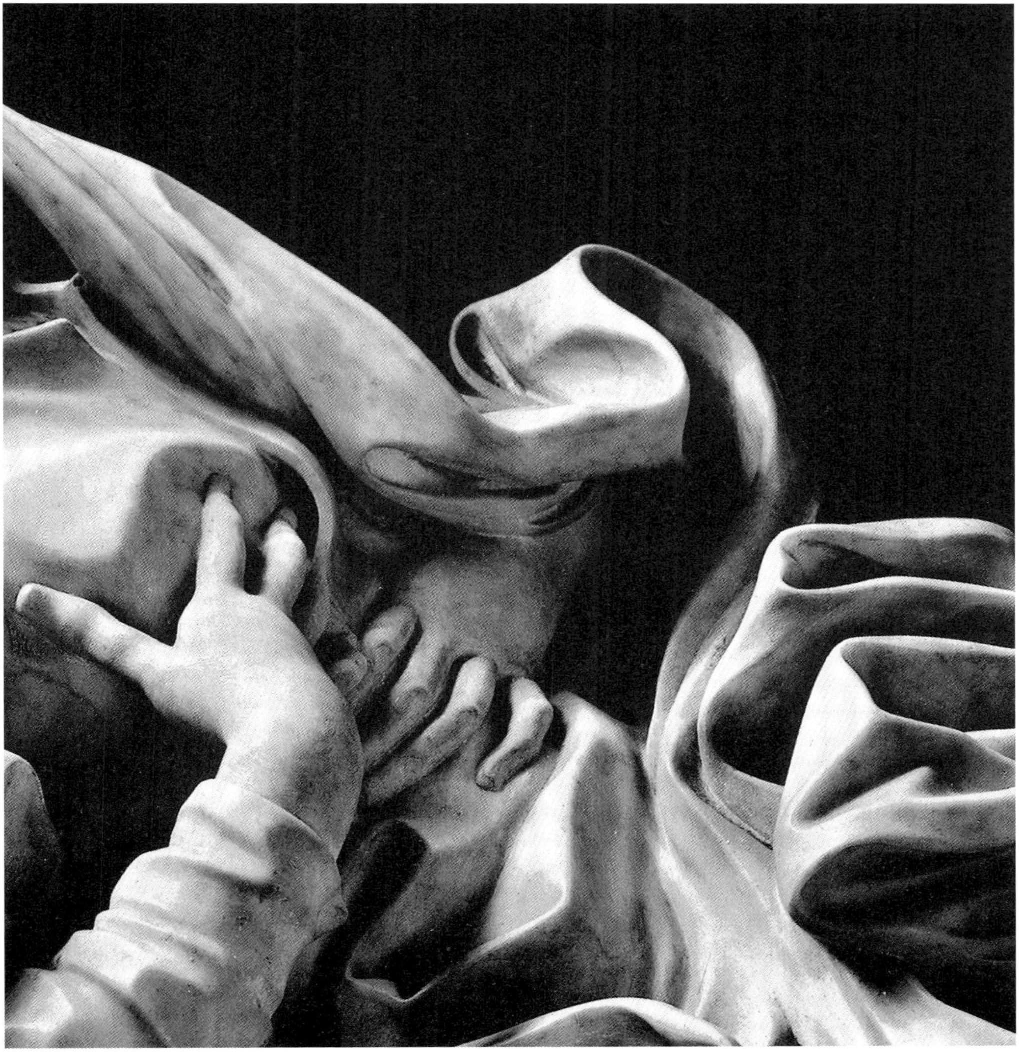

25. Gian Lorenzo Bernini, *La Bienheureuse Ludovica Albertoni* (détail), 1671.

De la mode, et de ses défroques

Reprenons donc notre fil, ou notre film. Quittons l'église de Santa Cecilia et cette statue toute chiffonnée dans ses propres ambivalences – dévotion baroque avec *Nachleben der Antike*, morbidité avec *morbidezza*, sacrifice avec désir, consumation avec incarnation… Quittons les marbres, les saintes reliques et les odeurs d'encens. Sortons à l'air libre : nous nous retrouvons au cœur du Trastevere, ce «quartier sauvagement populaire» de Rome, ainsi que l'appelèrent les frères Goncourt dans leur magnifique roman d'extases visuelles qu'est *Madame Gervaisais*[62]. Première extase : la lumière, sa caresse sur toute chose, sa capacité à faire respirer la moindre surface. Deuxième extase : les draps qui pendent de fenêtre à fenêtre, l'intimité des lits qui s'expose dans la rumeur des rues, comme une draperie insouciante et, enfin, sans transcendance (ni dieux antiques, ni Dieu rédempteur dans ces draps qui sèchent au vent, du moins à première vue). Troisième extase : le sol, le pavé, les tas de toutes sortes, les haillons. Vingt ans après avoir décrit *Le Ventre de Paris*, Émile Zola découvrait le Trastevere dans un haut-le-cœur fait de ces draps pendus et de ces «guenilles» en tas :

> «Plusieurs fois déjà, il avait parcouru le Transtévère, dont la population misérable l'attirait, dans sa passion navrée pour les pauvres et les souffrants. Ah! ce cloaque de misère et d'ignorance! Il avait vu, à Paris, des coins de faubourg abominables, des cités d'épouvante où l'humanité en tas pourrissait. Mais rien n'approchait de cette stagnation dans l'insouciance et dans l'ordure. […]

> Et, par les rues du quartier, une population grouillante, en guenilles et malpropre, des bandes d'enfants à moitié nus que la vermine dévorait, des femmes en cheveux, en camisole, en jupon de couleur, qui gesticulaient et criaient, [...] quelques touristes inquiets sur lesquels se ruaient aussitôt des bandes de mendiants. [...] Et, de toutes les fenêtres, de tous les balcons, sur des cordes jetées d'une maison à l'autre, en travers de la rue, pendaient les lessives des ménages, un pavoisement de loques sans nom, qui étaient comme les drapeaux symboliques de l'abominable misère[63]. »

Tels sont bien le « déclin », la chute de *Ninfa.* C'est une chute dans la misère contemporaine. Les dieux sont au chômage, les ménades sont « en cheveux », comme l'écrit Zola pour exprimer qu'elles sont hirsutes, décoiffées, sans chapeau, misérables et, qui sait, de mauvaise vie[64]. L'aura se « sécularise », selon la formule de Benjamin : elle choit des autels baroques, s'écrase par terre et vient rouler jusque sur le trottoir, dehors. Bref, *le drapé se défroque*, comme on le dirait d'un curé qui décide d'en revenir à l'état de nature, c'est-à-dire à l'état de péché. Quant aux « accessoires en mouvement » dont Warburg admirait tant, chez Botticelli, l'élégance pathétique, l'espèce de musicalité, voire la hauteur olympienne – tout cela, désormais, se situe entre cordes à linge et tas d'immondices, dans la criaillerie générale d'une rue du Trastevere.

Il n'est pas sûr, pour autant, que les antiques « formules de pathos » ne soient plus à l'œuvre dans cet élément « populaire ». Bien au contraire : n'oublions pas que c'est à Jorio et à son étude sur le « langage expressif » des Napolitains que Warburg a dû une grande partie de ses intuitions sur le *Nachleben der Antike* incarné dans la longue durée des gestes humains. Sans parler de la « ténacité » folklorique des *survivals* tels que les étudia Edward B. Tylor dès les années 1870[65].

Les survivances courent partout : elles se glissent dans chaque recoin de l'histoire – celle de l'art, par exemple. Mais, surtout, elles agissent dans les « rebuts de l'histoire » : ces « haillons », ces « guenilles », ces « défroques », ces « lambeaux » dont Walter Benjamin, plus encore qu'Aby Warburg, fit l'objet de sa quête incessante, sa quête d'*historien-chiffonnier*[66]. Lorsque Benjamin pose son regard sur la ville, sur la rue, ce qui surgit n'est pas une topographie d'inspiration *architectonique* au sens strict, mais, comme il dit, une « autre topographie » entièrement pensée dans sa dimension *anthropologique*, si ce n'est « anthropocentrique[67] ». La rue n'est pas simplement un espace percé entre des maisons pour relier un point de la cité à un autre. La rue peut être, aussi, « magie du seuil », « viscère » ou « giron de prostituée[68] ». Toute l'architecture urbaine demande à être interrogée comme le « témoignage [...] de la "mythologie" latente » où se devineront l'impensé, la mémoire, la longue durée d'une culture[69].

> « Construire topographiquement la ville dix fois, cent fois, à partir de ses passages et de ses portes, de ses cimetières et de ses bordels, de ses gares et de ses..., exactement comme jadis elle se définissait par ses églises et ses marchés. Et les figures les plus secrètes de la ville, ses couches les plus profondément enfouies : meurtres et rébellions, les nœuds sanglants dans le lacis des rues, gisements de l'amour et chaleurs ardentes[70]. »

Nous sommes dans une rue (de Rome, de Naples, de Marseille ou de Paris, peu importe : Benjamin aima toutes ces villes[71])... Qu'est-ce que cela veut dire ? « Dans une rue », cela veut-il simplement dire que nous sommes dans un espace architectural bordé de trottoirs et de portes cochères ? Pas du tout. Car la rue est un *lieu dialectique* vivant, mouvant, complexe, capable de guider notre pas ou, au contraire, de nous désorienter, capable de se présenter à nos regards sous l'angle de la construction ou, au contraire, de la démolition[72].

Dire « nous sommes » n'est pas simple non plus. La rue a aussi son archéologie spécifique, son épaisseur historique, son terreau d'anachronismes... Bref, nous sommes dans la rue comme dans un *temps dialectique* où chaque présent résonne d'harmoniques étranges faites de la rumeur des âges[73]. Être dans la rue, simplement – à Rome, à Naples, à Marseille ou à Paris –, est-ce bien se trouver dans le présent identifiable que disent les manchettes de journaux ? Pas tout à fait. Car, à ce présent de l'histoire, Benjamin ajoute – ce qui change, ce qui complique tout – une condition essentielle, une condition où régneront surtout l'image et la mémoire : « Le Maintenant est l'image intime de l'Autrefois » (*das Jetzt das innerste Bild des Gewesnen*)[74].

Proposition fondamentale. Elle donne un accès au *présent des survivances.* Elle clarifie un certain rapport de la modernité à la mémoire, sous l'angle même d'une *intimité* de l'une à l'autre : un pli, un enveloppement, une inhérence. Un *drapé.* Benjamin, bien sûr, marche ici dans les pas de Baudelaire, au point qu'il est difficile, quelquefois, de distinguer, dans le *Livre des passages*, les phrases du Baudelaire-philosophe et celles du Benjamin-poète :

> «Le visage de la modernité elle-même nous foudroie d'un regard immémorial. [...] Toute notre originalité [en tant que modernes] vient de l'estampille que le temps imprime à nos sensations[75].»

La langue anglaise ignore la proximité des mots «mode» – à penser avec son contraire, le «démodé» –, «mort» et «modernité». Cela explique peut-être, en partie du moins, pourquoi manque, dans les débats esthétiques néo-greenbergiens (ou, ce qui revient souvent au même, anti-greenbergiens), la connivence profonde entre ces notions, telles que Baudelaire les mit en œuvre, et Benjamin à sa suite[76]. Il s'agit, une fois encore, de quelque chose comme une dialectique.

D'abord, le *moderne* se définit – c'est notoire – par son *originalité.* Mais celle-ci doit être comprise, on vient de le lire, sous l'angle d'une «empreinte du temps». Or, qu'est-ce que l'«empreinte du temps» poussée à son plus haut degré d'intensité, si ce n'est de produire un *immémorial*? Être moderne, dit Baudelaire, c'est «tirer l'éternel du transitoire», façon d'en finir, selon lui, avec toute beauté abstraite[77]. Plus encore, l'enjeu de toute *modernité* sera d'accéder à une sorte d'*antiquité* que le poète, en une phrase stupéfiante et complexe – une phrase dont chaque mot demande à être médité –, définira ainsi :

> «Pour que toute *modernité* soit digne de devenir antiquité, il faut que la beauté mystérieuse que la vie humaine y met involontairement en ait été extraite[78].»

Et Benjamin de commenter : «"Suranné" et "immémorial" vont ensemble chez Baudelaire. Les [choses] qui ont fait leur temps sont devenues des réceptacles inépuisables de ressouvenirs» – c'est-à-dire des objets privilégiés pour tout art moderne[79]. Il est non moins caractéristique que, selon Benjamin, l'historien *moderne* soit présenté comme un historien *matérialiste* dont « l'intérêt [qu'il] prend au passé est toujours, pour une part, un intérêt passionné pour ce qu'il y a en lui de révolu, de fini, de radicalement mort[80] ».

Alors, notre dialectique accouche de ce monstre pour la pensée : le *moderne* serait ce qui refuse d'opposer en lui la *mode* et le *démodé*. Pourquoi est-ce un monstre ? Parce qu'au cœur de la fameuse « originalité » moderne ou moderniste[81], c'est la *mort* – la chose la moins originale, la plus originaire – qui, intensément, travaille. « La mort, station centrale dialectique : la *mode*, la mesure du temps (*der Tod, die dialektische Zentralstation : die* Mode *das Zeitmass*). [...] La mode comme parodie du cadavre[82]. »

Phrases énigmatiques au premier abord ? Mais comment ne pas voir qu'elles permettent de comprendre un phénomène essentiel de notre temps : que le *moderne* met le *mort* – le démodé, le suranné, l'antique, le révolu, le cadavérique, l'immémorial, le survivant – à la *mode* ? En sorte que l'art *moderne* serait une façon de savoir mettre à la *mode* un art de la *mémoire*, une mise en jeu, fatalement anachronique, du *démodé* lui-même[83].

Or, dans l'immense catalogue des objets démodés qui traînent dans nos rues, il en est un sur lequel je propose d'exercer, pour quelques pages, le regard de l'« historien-chiffonnier » cher à Benjamin. C'est une sorte de haillon, justement. On ne le trouve, je crois, qu'à Paris. Mais à Paris on le retrouve partout : c'est une serpillière, une défroque, une espèce d'infâme ou d'informe draperie – la récupération d'un tissu quelconque, drap, vêtement usagé, bout de moquette – que les employés de la voierie disposent dans les caniveaux, contre le trottoir, pour canaliser le flux du « ruisseau » (comme on disait autrefois) jusque dans la bouche d'égout. Là où le touriste lève les yeux pour admirer, dans les rues de Paris, façades classiques ou monuments célèbres, le flâneur, lui, laisse tomber son regard un peu partout et, fatalement, il rencontrera ces tas de tissus assez répugnants, imbibés d'eau sale ou accrochant les détritus comme un corail sous-marin accroche les algues qui passent alentour[84].

Cet objet *démodé*, presque choquant dans une ville moderne et relevant, à coup sûr, d'une *archéologie de la rue*, a récemment fait l'objet de toute une série d'œuvres photographiques **[fig. 26-28]**. L'auteur de cette – belle – série est Steve McQueen, un jeune artiste

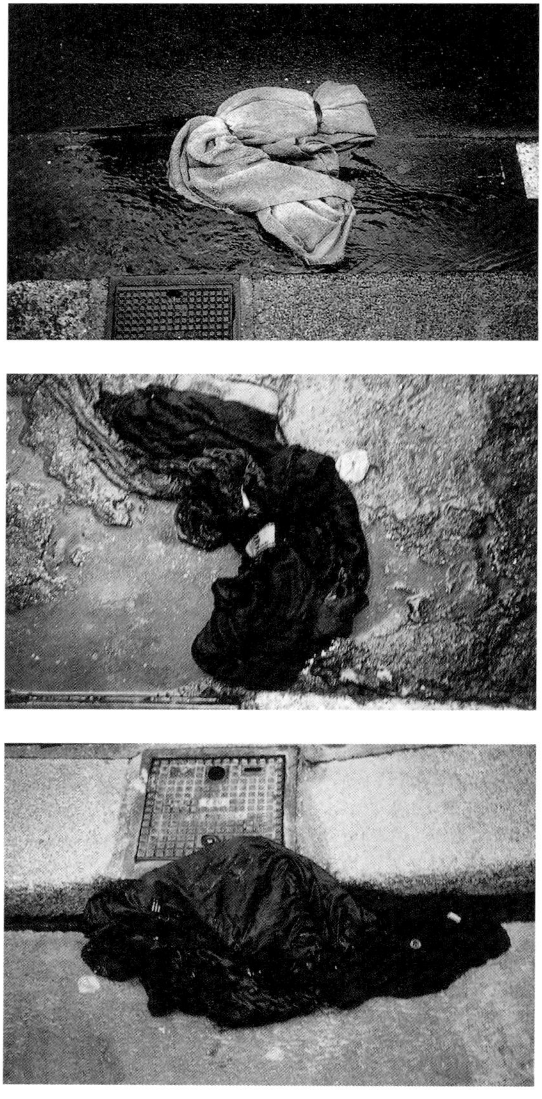

26-28. Steve McQueen, *Barrage*, 1998, photographies (tirages Fuji Long Life) d'une série de 59. New York-Paris, Galerie Marian Goodman.

à la mode, c'est-à-dire ayant déjà reçu les honneurs académiques (le Turner Prize de la Tate Gallery[85]), exposant dans les musées du monde entier, soutenu par une puissante galerie new-yorkaise (Marian Goodman). Les critiques d'art ont déjà fait l'éloge, dans ses films et ses photographies, d'un « matérialisme » du regard, d'un sens du « lieu » et d'une « vision haptique » censés représenter un âge de l'art d'« après le modernisme[86] ».

La série, intitulée *Barrage* et réalisée en 1998, comprend cinquante-neuf photographies en couleurs de dimensions modestes (45,7 × 68,6 cm), encadrées sous Plexiglas[87]. Si nous pouvons dire de ces images – sans déjuger leur intérêt – qu'elles sont *à la mode*, c'est simplement en raison de leur valeur sociale d'exposition, d'échange et d'usage : des musées ou des galeries les montrent; des collectionneurs les achètent (à l'heure où j'écris, chaque épreuve se vend quatre mille dollars) ; le tirage a été volontairement limité à deux exemplaires pour en justifier la valeur marchande; des intellectuels ont utilisé ces images en contrepoint de leurs propres spéculations théorico-benjaminiennes[88].

Et c'est ainsi que ces belles images d'écrasement textile semblent venir confirmer l'« entropie » et l'« horizontalité » d'un âge de l'art venu après – et contre – toutes les avant-gardes « modernistes[89] ». Elles se laissent aisément penser en relation avec l'aspect *trash* de toute une production contemporaine allant des guenilles de sans-logis photographiées par Anthony Hernandez aux surfaces « déjectives » photographiées par Cindy Sherman, ou bien à certaines images de détritus urbains chez Gabriel Orozco, par exemple[90].

La mise en contexte d'une œuvre dans son présent contemporain n'a rien que de nécessaire et de légitime, bien sûr. Mais la *clôture historique* dans laquelle de telles œuvres sont, du même coup, maintenues par la critique d'art et l'exhibition marchande, cette *suffisance de temps* mérite d'être mise en perspective[91]. L'*actualité* des images de Steve McQueen ne fait pas de doute. Mais où se trouve leur élément d'*inactualité*? Les survivances, par définition, engagent quelque chose comme un inconscient du temps : de quelles *généalogies insues* ces photographies sont-elles donc porteuses? Il faut, pour le savoir, quitter l'espace de la *mode* et remonter peu à peu vers le *démodé* lui-même, le passé considéré dans sa valeur archéologique, par nature enfouie. Valeur anachronique dont le « Maintenant » s'avérera peut-être l'« image intime » par excellence.

29. Denise Colomb, *Vestige*, 1989, photographie. Paris, collection particulière.

Les «serpillières» parisiennes, ces *draperies du trottoir*, sont bien à envisager dans la longue durée d'une archéologie de la ville : leur trouvaille en 1998 n'est que la dernière en date d'une longue série que leur «inventeur» ignore probablement. Si Paris fut bien la «capitale du XIXe siècle», comme l'a dit Walter Benjamin, elle le fut tout autant d'une *modernité* sans relâche productrice de ces «estampilles de temps», de ces «regards immémoriaux» capables de faire surgir l'*antiquité* de – ou dans – la moindre serpillière... À condition, bien sûr, d'être l'anthropologue et l'archéologue de la mémoire des rues : c'est-à-dire de pouvoir extraire, en chaque lambeau, «la beauté mystérieuse que la vie humaine y met involontairement». Cela, les photographes n'ont cessé de le faire en incrustant leurs regards dans les rues de Paris[92].

Dix ans avant Steve McQueen, donc, une photographe bien connue, Denise Colomb, consacrait toute une série au sol de Paris

– ses pavés, ses flaques d'eau où arbres et passants se reflètent et se renversent tête en bas –, série dans laquelle, évidemment, apparaissait notre fameuse «serpillière» des caniveaux[93] **[fig. 29]**. Trente ans avant Steve McQueen, surtout, Alain Fleischer – auteur, depuis le début des années soixante, de films *underground* qui ont fait date, mais aussi de photographies, d'installations, d'essais théoriques et de textes littéraires[94] – consacrait aux mêmes «barrages» parisiens une magnifique série d'images **[fig. 30-32]**.

Elle s'intitule *Paysages du sol* et date des années 1967-1968. Les tirages sont en couleurs (cibachrome), et leurs formats également proches de ceux choisis par Steve McQueen pour les images de *Barrage* : 42 × 60 centimètres, quelquefois 60 × 90. Le cadrage, la distance à l'objet, la position du trottoir alternativement en haut, en bas ou latéralement à l'image, tout cela est déjà en œuvre dans cette série photographique. Esthétiquement, l'impression globale semble presque identique. Mais l'*intensité* de la série produite pas Fleischer – ne fût-ce que du point de vue chromatique – est incomparable. Pourquoi cela ?

Peut-être parce que ne sont comparables ni la procédure ni, surtout, le *temps de recherche* employés par chacun des deux artistes à réaliser sa propre série de «haillons». Celle de Steve McQueen, presque touristique, ne comporte que cinquante-neuf images, je l'ai dit ; tandis que le travail d'Alain Fleischer, étalé sur plusieurs mois – et plus sporadiquement prolongé sur quelques années –, totalise entre sept cents et huit cents images. Comme souvent, Fleischer n'a pas compté, s'est entièrement dépensé dans le caractère infini, en droit, du travail. Il n'a pas cherché à clore, encore moins à donner une valeur de rareté à ses images : beaucoup ne sont pas tirées, aucun tirage n'est numéroté, aucune galerie n'a pris en charge de montrer extensivement cette série[95].

Ce choix procédural – cette façon d'investir le *temps* de la recherche plus que celui du résultat – permit une approche réellement *topographique* du tissu (c'est le cas de le dire) urbain. Tous les «paillassons» d'une même rue, comme les nomme Fleischer, étaient par exemple systématiquement passés en revue, puis chaque rue d'un même quartier systématiquement explorée. Quelquefois, l'artiste revenait photographier un «paillasson» après avoir laissé passer quelques semaines, voire quelques mois. Ce que Benjamin

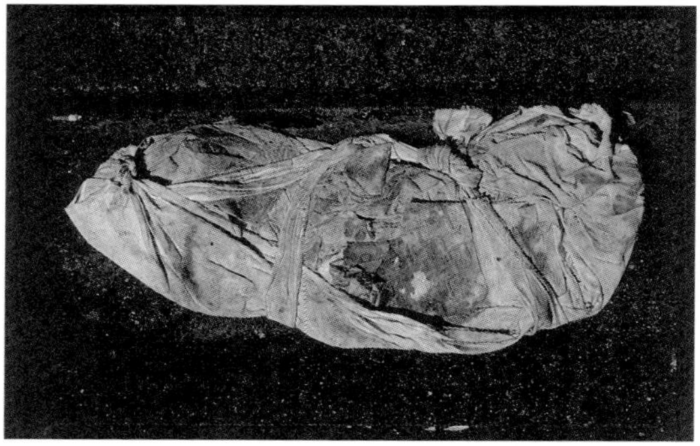

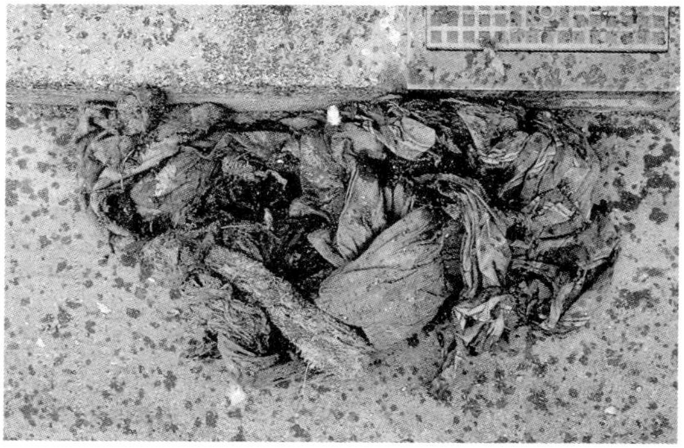

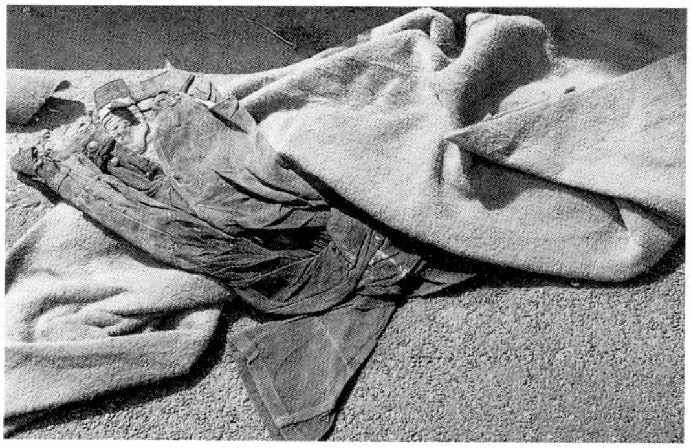

30-32. Alain Fleischer, *Paysages du sol*, 1967-1968, photographies (tirages cibachrome) d'une série de 800 environ. Paris, collection particulière.

appelle si bien «l'intense travail au sein des choses[96]» devenait alors visible d'une image à l'autre.

Ne nous étonnons pas que cette exploration sérielle – donc temporelle – ait trouvé dans le film son prolongement naturel : en 1972, Fleischer réalisait, en cinq *Films-Observations*, des tournages en plan fixe de segments de trottoirs, l'un d'entre eux montrant le fameux «paillasson» comme son personnage principal. Entre 1973 et 1974, *Un an et un jour* – d'une durée de quatre heures trente – montrait le même coin de rue filmé par bribes pendant douze mois. En 1974, *Vestiges* disséminait dans l'obscurité d'une pellicule sans images des lambeaux de vues urbaines aléatoirement montées[97].

Mais ces pauvres défroques, en 1968 ou en 1972, n'étaient pas encore *à la mode*, je veux dire à la mode «postmoderne». Leur authentique *modernité*, assumée sans équivoque, apparaît même – si l'on veut bien, à présent, déplacer un peu le point de vue contemporain et adopter une approche plus historique – comme le résultat d'une longue élaboration du regard photographique dans ses relations avec l'avant-garde. Comment, donc, en est-on arrivé à voir cette chose jetée en tas contre les trottoirs parisiens, non pas comme un rebut du paysage urbain, un objet indifférent au temps, un haillon sans mémoire, mais au contraire comme un objet d'archéologie culturelle doué de qualités formelles et expressives, bref, une véritable draperie de la ville, – son espèce de *mémoire en haillons* ?

De la rue, et de ses entrailles

En quoi donc ce haillon, jeté en tas dans le caniveau, contre le trottoir, offre-t-il au présent, *au moderne* si j'ose dire, la chance d'attraper, fût-ce par un brin, par un lambeau, « l'image intime de l'Autrefois » ? Telle est la question. Pour commencer d'y répondre, il faut revenir aux mots choisis par Walter Benjamin et, en particulier, au superlatif employé pour l'adjectif *inner*, que la traduction française a oublié de rendre : dire que le haillon des rues est une *innerste Bild*, c'est dire qu'elle donne de l'Autrefois « l'image la plus intérieure » qui soit[98].

De quel « intérieur » la rue nous ouvre-t-elle les arcanes ? Parcourons la section « P » du *Livre des passages*, consacrée aux rues de Paris[99]. Benjamin y parle des « ruisseaux » qui, sous l'Ancien Régime, partageaient la chaussée d'un flux d'immondices ; on commença de les supprimer, note-t-il, en 1802[100]. Puis, vinrent les trottoirs, les bornes, les caniveaux – et avec eux notre « haillon » des rues. Le caractère *intérieur* de toutes ces choses triviales ne viendrait-il pas, alors, du sourd *mouvement* qui les anime et les transforme ? On a dit de Paris qu'elle était la « ville qui remue », note Benjamin : façon, pour lui, d'introduire le motif d'une *sensualité tactile* de la rue, organique jusqu'à montrer, lorsqu'elle s'ouvre, sa réalité ultime, qui est une *réalité viscérale*.

> « […] que savons-nous des coins de rues, des seuils, de l'architecture du pavé, nous qui n'avons jamais senti sous nos pieds nus la chaleur, la crasse et les arêtes des pierres, nous qui n'avons

> jamais étudié les inégalités entre les dalles pour savoir si celles-ci pouvaient nous servir de lit ? [...]
>
> « Qui veut savoir à quel point nous sommes chez nous dans les viscères doit laisser le vertige l'emporter dans les rues dont l'obscurité est si semblable au giron d'une prostituée. Antiquité [101]. »

Nous sommes dans la rue. Mais que savons-nous d'elle si nous ne la touchons pas à mains nues (comme fait le chiffonnier), si nous ne sentons pas le pavé sous notre corps épuisé (comme fait le clochard), si nous n'arpentons pas son obscurité dans l'espoir que s'ouvre quelque chose comme un giron (comme fait l'homme esseulé en quête de prostituée) ? Or, tout cela, Benjamin finit par l'épingler sous le mot : *Antike*, l'Antiquité. Le présent de la rue serait-il donc *l'image la plus viscérale de l'Autrefois*, son *Nachleben* le plus organique ?

Baudelaire comparait déjà le ruisseau – ou le caniveau – à un « lit funèbre où s'en vont les dégoûts », un fleuve infernal qui, fût-ce en miniature, « charrie en bouillonnant les secrets des égouts [102] ». Par définition, c'est-à-dire par sa fonction même, la « serpillière » des trottoirs n'est jamais loin d'un trou : *bouche* d'égout ou *regard* des eaux, comme la langue française le dit si bien. Elle est donc un signe, l'avertissement qu'à cet endroit précis, dans cette rue-ci, la surface vivante de la ville communique avec le règne quasi *infernal* du sous-sol :

> « On montrait dans la Grèce antique des endroits qui permettaient de descendre aux Enfers. Notre existence éveillée est, elle aussi, un paysage où s'ouvre, en des endroits cachés, un chemin qui mène aux Enfers, un paysage plein de lieux discrets où débouchent les rêves [103]. »

Voilà bien engagée cette *topographie anthropologique* de la ville que Benjamin appelait de ses vœux : scruter le réseau des bouches d'égout ou de métro, des fontaines, des arcades, des passages, des pissotières, des bordels, comme autant de stations dans une sorte d'enfer ou de purgatoire hanté par l'anachronisme, la stratification de temps hétérogènes. Ici, la *Comédie humaine* fait survivre une anthropologie fondamentale du *corps confronté au seuil*, autrefois à l'œuvre dans chaque page de la *Divine Comédie* (elle-même hantée par de plus anciennes descentes infernales, celles qu'on peut lire dans Homère ou dans Virgile).

Aucun des grands historiens de Paris ne s'y est d'ailleurs trompé. Dans les *tableaux* de Louis Sébastien Mercier, le *genius loci* parisien passait déjà par les ruisseaux de la rue et par tous ceux qui la touchent, la font vivre : ses chiffonniers, ses « boueurs » ou « décrotteurs », et les mendiants, bien sûr[104]... Puis, Maxime Du Camp a compris qu'il valait mieux décrire Paris en termes physiologiques, c'est-à-dire en termes d'*organes* : le modèle du tableau est trop pauvre, trop plat, trop exclusivement optique ou pittoresque, trop inodore pour rendre compte de cette vie grouillante dont remue la grande ville[105].

Paris : un immense corps, un animal hyperbolique fait de millions de sortes de vies qui s'agglutinent et qui luttent, qui s'embrassent monstrueusement et se détruisent les unes les autres. Quelque chose comme un *champ d'entrailles*, toujours prêt à vomir en surface, comme lorsque débordent les égouts. N'est-ce pas exactement ce que dramatise Zola en 1873 dans *Le Ventre de Paris*, ce roman de la matière vorace autant que dévorée[106] ? N'est-ce pas exactement ce qu'il notait, sous une forme plus sténographique et ethnologique, dans ses *Carnets* où sont décrites les *choses* de Paris plutôt que ses histoires, et où, sans fin, se suivent les rues « étranglées », les « ruisseaux toujours débordants d'eau savonneuse », les « cours puantes », les « guenilles traînant partout », les « tas d'escargots gluants », les « saletés enveloppées » – ou bien encore cette expression, tombée au hasard, mais d'une absolue concision poétique : « Éboulements. Des lambeaux tombants[107]. »

Paris, donc : capitale de la matière historique et sociale au XIXe siècle. Balzac a écrit *Le Père Goriot* selon une véritable inspiration *hylémorphique* dans le développement de laquelle « les choses sont atteintes des mêmes maux que les hommes », et vice versa[108]. Quant aux *Misérables* ou à la petite monographie sur *Paris*, écrite en 1867, Victor Hugo les a explicitement orientés vers une archéologie de la ville d'où l'on ressort comme pris de vertige :

> « Qui regarde au fond Paris a le vertige. [...] Sous le Paris actuel, l'ancien Paris est distinct, comme le vieux texte dans les

> interlignes du nouveau. [...] Il faut, en présence de cette histoire de Paris, s'écrier à chaque instant comme John Howard devant d'autres misères : *C'est ici que les petits faits sont grands.* [...] Rien de plus difficile à percer et à pénétrer que cette formation géologique à laquelle se superpose la merveilleuse formation historique nommée Paris[109]. »

Benjamin aurait pu revendiquer chacune de ces propositions : la ville-palimpseste, le primat des rebuts et des choses inaperçues – la « micrologie » et sa devise warburgienne « le bon Dieu niche dans le détail » –, la mémoire comme profondeur géologique, l'histoire comme « formation ». Le *Livre des passages*, d'ailleurs, se plaît à citer l'observation de Hugo selon laquelle

> « Paris est entre deux nappes, une nappe d'eau et une nappe d'air. [...] La nappe d'eau est salubre, elle vient du ciel d'abord, de la terre ensuite; la nappe d'air est malsaine, elle vient de l'égout. Tous les miasmes du cloaque se mêlent à la respiration de la ville; de là cette mauvaise haleine. L'air pris au-dessus d'un fumier, ceci a été scientifiquement établi, est plus pur que l'air pris au-dessus de Paris[110]. »

Il a été dit des *Misérables* que c'était le « roman même du déchet[111] ». Toute la partie intitulée « L'intestin de Léviathan » – elle en précède une autre, plus narrative mais dont le titre n'est pas moins parlant : « La boue, mais l'âme » – délivre une hallucinante description de Paris sous l'angle de ses *entrailles*, c'est-à-dire de ses égouts. La ville *remue*, dit en substance Hugo :

> « Comment, et de quelle façon ? jour et nuit. Dans quel but ? sans aucun but. Avec quelle pensée ? sans y penser. Pourquoi faire ? pour rien. Au moyen de quel organe ? au moyen de son intestin. Quel est son intestin ? c'est son égout. [...] Paris a sous lui un autre Paris; un Paris d'égouts; lequel a ses rues, ses carrefours, ses places, ses impasses, ses artères, et sa circulation, qui est de la fange, avec la forme humaine de moins[112]. »

Voilà donc l'*anthropomorphisme* de la ville-organe réduit à la *dissemblance* d'une chose qui remue, qui concerne les hommes mais qui n'a pas elle-même une forme humaine. C'est pourtant un «poumon», dira Hugo : un principe de respiration. Mais aussi un principe de dépense, une «orgie», une paradoxale «magnificence». C'est un «fouillis». C'est un «labyrinthe». Non, ce sera finalement un «madrépore colossal[113]»… Quelle qu'en soit la forme, d'ailleurs – et l'on aura compris que cette forme est multiple par nature, qu'elle vit, remue, se métamorphose –, ce qui compte demeure, pour l'habitant de Paris, son effet d'*intrusion* ou de *malaise* : il se produit chaque fois que le sous-sol viscéral remonte à la surface. Hugo compare cela aux symptômes d'une indigestion monstrueuse, mais aussi d'un immense remords collectif :

> «Quelquefois, l'égout de Paris se mêlait de déborder, comme si ce Nil méconnu était subitement pris de colère. Il y avait, chose infâme, des inondations d'égout. Par moments, cet estomac de la civilisation digérait mal, le cloaque refluait dans le gosier de la ville, et Paris avait l'arrière-goût de sa fange. Ces ressemblances de l'égout avec le remords avaient du bon; c'étaient des avertissements[114].»

Or, ce qui fait retour – comme en un monstrueux «renvoi» – dans de tels symptômes n'est autre que la *mémoire refoulée* de la ville. Les continents cachés, les cadavres noyés, les humeures noirs de son histoire : «Le sous-sol de Paris est un receleur, écrit encore Hugo : il cache l'histoire. Si les ruisseaux dans les rues entraient en aveu, que de choses ils diraient. […] Tout ce qui est mort comme fait est vivant comme enseignement. Et surtout ne triez pas. Contemplez au hasard[115]»… Bref, quand la fange remonte jusque sur les trottoirs, *c'est de la mémoire qui reflue*, par exemple un certain passé historique longtemps enfoui qui, soudain, resurgit dans le présent sous la forme… d'une guenille, d'un lambeau, d'un haillon. Même «brouillé[e] comme un fouillis, […] dans un pêle-mêle apparent, […] l'histoire passe par l'égout[116]».

Et Hugo de rappeler comment Bruneseau, au cours de sa terrifiante exploration des égouts de Paris, découvrit «une sorte de loque informe et souillée qui, sans doute arrêtée là au passage, y flottait dans l'ombre et achevait de s'y déchiqueter». Ce n'était autre – une broderie héraldique ayant permis d'authentifier l'objet – qu'un morceau du linceul de Marat :

> «Bruneseau passa outre. On laissa cette guenille où elle était ; on ne l'acheva pas. Fut-ce mépris ou respect ? Marat méritait les deux. Et puis, la destinée y était assez empreinte pour qu'on hésitât à y toucher. D'ailleurs, il faut laisser aux choses du sépulcre la place qu'elles choisissent. En somme, la relique était étrange. Une marquise y avait dormi ; Marat y avait pourri ; elle avait traversé le Panthéon pour aboutir aux rats d'égout. Ce chiffon d'alcôve, dont Watteau eût jadis joyeusement dessiné tous les plis, avait fini par être digne du regard fixe de Dante[117].»

Telle serait donc la relique moderne : elle mélange l'impureté de l'alcôve avec l'impureté de la mort. Elle choisit toute seule l'autel où elle finira de pourrir, dans les plis de son drapé «qui achève de s'y déchiqueter». Peut-être, un jour, pas tout à fait disparue, remontera-t-elle jusqu'à la surface du caniveau, où on la prendra pour une simple serpillière ? Hugo, quoi qu'il en soit, veut insister sur l'effet d'anamnèse que ce reflux emporte avec soi. Avec la mémoire *remonte la vérité* elle-même. Telle serait, plus exactement, sa fonction de *symptôme* : «la *maladie* de Paris», d'une part ; sa *mémoire* pleine des «vestiges de tous les cataclysmes, depuis le coquillage du déluge jusqu'au haillon de Marat», d'autre part[118] ; et, enfin, sa *vérité* même :

> «L'égout, c'est la conscience de la ville. Tout y converge, et s'y confronte. Dans ce lieu livide, il y a des ténèbres, mais il n'y a plus de secrets. Chaque chose a sa forme vraie, ou du moins sa forme définitive. Le tas d'ordures a cela pour lui qu'il n'est pas menteur. [...] Toutes les malpropretés de la civilisation, une fois hors de service, tombent dans cette fosse de vérité où aboutit l'immense glissement social, elles s'y engloutissent, mais elles s'y étalent. Ce pêle-mêle est une confession. Là, plus de fausse apparence, aucun plâtrage possible, l'ordure ôte sa chemise, dénudation absolue, déroute des illusions et des mirages, plus rien que ce qui est, faisant la sinistre figure de ce qui finit. Réalité et disparition[119].»

On aura compris qu'avec ces réflexions sur la « forme vraie » des choses vouées à la consumation, à la disparition, c'est toute une philosophie que Victor Hugo comptait bien mettre en œuvre. À la fois une esthétique, une politique, une archéologie et une anthropologie de la *mémoire culturelle*, dont l'*organon*, exprimé en quelques lignes seulement, ne laissera pas de troubler, aujourd'hui, tout lecteur de Warburg, de Benjamin, voire de Bataille :

> « La philosophie est le microscope de la pensée. Tout veut la fuir, mais rien ne lui échappe. Tergiverser est inutile. [...] Dans l'effacement des choses qui disparaissent, dans le rapetissement des choses qui s'évanouissent, elle reconnaît tout. Elle reconstruit la pourpre d'après le haillon et la femme d'après le chiffon. Avec le cloaque elle refait la ville, avec la boue elle refait les mœurs [120]. »

Notre « serpillière » offre, sans aucun doute, un objet privilégié pour ce genre de philosophie. Nous pourrions y reconnaître l'« accessoire en mouvement » – ainsi que Warburg le disait des voiles flottant autour des nymphes botticelliennes –, l'humble et somptueuse *draperie des trottoirs*. Non plus agitée par un lascif Zéphyr, mais sourdement remuée par l'eau sale qui passe. Dans ce haillon, en tout cas, une mémoire reflue et une vérité remonte. Pas moins que les fastueuses draperies baroques où se fondaient les corps de *Ludovica Albertoni* ou de la *Sainte Thérèse* du Bernin, ce bout de tissu écrasé au sol donne l'interface et le *pli* – extension, enveloppe, inhérence [121] – des entrailles et de la surface urbaines. On peut en retirer toutes sortes de leçons, historiques ou philosophiques [122].

On peut aussi constater que ce « microscope de la pensée », comme dit Victor Hugo, a été *visuellement élaboré* dès que certains artistes ou artisans curieux ont entrepris, vers le milieu du XIXe siècle, de dresser un inventaire photographique des rues parisiennes. Avec Nadar, les entrailles de la ville – ses égouts, ses catacombes – remontent pour la première fois à la lumière de notre culture architecturale [123]. Avec Thibault, la rue s'éventre sous nos yeux et vomit ses pavés pour les barricades de 1848 (en attendant, bien plus tard, celles de 1968) [124]. Avec Marville, la rue devient véritablement le personnage principal : chaque image offre son premier plan de pavés, de bornes, de trottoirs où l'on remarque, fût-elle discrète, l'intrusion de notre informe « draperie[125] ».

Le premier plan relativement rapproché de la « serpillière » se trouve, non par hasard, chez Atget : devant une boulangerie de la rue Descartes, le caniveau crache son eau et, juste à côté des deux bouches d'égout, se trouve la « nymphe » avec son drapé, cette moderne gardienne des sources[126] **[fig. 33]**. Ne nous étonnons pas de trouver chez Atget cette immédiate capacité à mettre en œuvre tout ce que Baudelaire disait de l'objet le plus humble regardé de façon *moderne* : « [...] que la beauté mystérieuse que la vie humaine y met involontairement en ait été extraite[127] ».

Si Atget fut capable d'une telle opération, c'est parce qu'il regardait la ville de façon essentiellement *tactile* et anthropomorphe : il la regardait à travers les gestes de ceux qui touchent la rue à mains nues (les chiffonniers, les paveurs, les bitumiers), de ceux qui sentent le pavé à même leur corps (les clochards) ou de ceux qui travaillent dans le « ventre de Paris », au milieu des tas organiques, immondices ou nourritures des Halles[128]. C'est ainsi que – par-delà leur approche littéraire chez Baudelaire, Balzac, Zola ou bien Hugo –, les entrailles de la ville moderne se seront mises à nous regarder vraiment.

33. Eugène Atget, *Boulangerie, 48 rue Descartes* (détail), 1911, photographie. Paris, Bibliothèque historique de la Ville de Paris.

Du trottoir, et de ses expressions

Il faudra encore attendre une quinzaine d'années, après l'image d'Atget, pour que notre « haillon des trottoirs parisiens » suscite un premier chef-d'œuvre comme sujet à part entière d'une image photographique. En 1925, le Bauhaus est contraint, sous la pression politique de la droite, de s'établir à Dessau. László Moholy-Nagy publie néanmoins, en accord avec Walter Gropius, le huitième volume des *Bauhausbücher* sous le titre *Malerei, Photographie, Film.* L'ouvrage contient aussi le scénario d'un film expérimental, *Dynamik der Großstadt* (« Dynamique de la grande ville »), imprimé sous forme de « typophoto[129] ». Cette même année, Moholy-Nagy effectue, avec Siegfried Giedion et son épouse, un voyage en France : ils iront à Paris, où László participe à l'Exposition internationale des Arts décoratifs modernes, puis à Belle-Île-en-Mer.

C'est donc en arpentant les trottoirs parisiens – avant le sable des rivages atlantiques – que le regard de Moholy-Nagy se fixera sur l'informe haillon **[fig. 34]**. L'artiste vient d'acheter un Leica, sa série parisienne constituant, de ce fait, le premier de ses ensembles photographiques utilisant l'objectif classique[130]. L'image est admirable : extrême pauvreté de la chose vue, extrême complexité de la vision elle-même. La plaque d'égout, le flux du caniveau, le drapé trempé forment, dans leur misérable « sujet », un saisissant feu d'artifice de rythmes et de textures. Métal, pierre, bitume, tissu, eau, chaque matériau reçoit la lumière et la renvoie différemment. Immobilité des choses dures, mobilité de l'eau, état intermédiaire du morceau de tissu. L'image est floue devant nous – en bas, là où nous sommes le plus proche, là où rien ne bouge –, elle devient nette sur l'eau en mouvement et sur le gris haillon qui fuit vers le haut.

Moholy-Nagy, à l'évidence, aima cette image. Il la publia souvent, souvent il en changea le titre. En 1929, elle faisait partie du fameux recueil *Foto-Auge* dirigé par Franz Roh et Jan Tschichold sous le titre *Kloake in Paris* («Égout à Paris») [131]. En 1930, Roh la reprenait dans sa monographie sur Moholy-Nagy sous le titre plus «expressionniste» de *Unheimliche Kanalöffnung in Paris* (traduisons en dépliant l'adjectif : «Bouche d'égout, familière et cependant étrangement inquiétante, à Paris») [132]. Entre-temps, l'artiste l'avait lui-même incluse dans son grand écrit théorique *Von Material zu Architektur* sous le titre plus «formaliste» de *Faktur (Häufung von Wasserfakturen)*, c'est-à-dire : «Facture. Accumulation de factures aquatiques». Un petit commentaire courait sous le titre, qui disait : «Une bouche d'égout, d'où jaillit l'eau bouillonnante qui pousse devant elle des ordures formant une croûte» (*Ein aufgebrochener Kanal, durch den strömendes Wasser eine Schmutzkruste vor sich herschiebt*) [133]. Ajoutons que l'International Museum of Photography at George Eastman House (Rochester, NY) possède un tirage dont le titre est simplement *Rinnstein 1925*, c'est-à-dire «Caniveau 1925 [134]».

De quelle esthétique relève donc cette image ? Il est difficile, et même peu probant, d'en décider une fois pour toutes. Sa puissance intrinsèque lui vient plutôt d'une instabilité que l'objet photographié – la guenille elle-même – possède déjà sous le regard de celui qui s'y intéresse soudain. On pourrait sans mal tirer cette image du côté d'un *réalisme* urbain qu'à cette époque revendique la *Neue Sachlichkeit* allemande, et que les surréalistes dissidents de la revue *Documents* pousseront, en 1929 et 1930, jusqu'à ses plus extrêmes conséquences théoriques (extrêmes, c'est-à-dire renversantes ; théoriques, c'est-à-dire accordées aux pouvoirs de l'inconscient).

Dans la mesure où l'image de Moholy-Nagy présente une faible profondeur de champ, mais une grande netteté sur la texture de l'eau en mouvement, il semble évident que l'artiste a opté pour une vitesse d'obturation maximale : ce simple choix rapproche la photographie d'un reportage réaliste et l'éloigne d'une composition statique. En 1929, Hugo Sieker publiait un texte intitulé «Au vingt-cinquième de seconde», dans lequel il affirmait le caractère immédiat

34. László Moholy-Nagy, *Rinnstein [caniveau]*, 1925, photographie illustrant *Foto-Auge*, Stuttgart, 1929, fig. 38, sous le titre *Kloake in Paris [égout à Paris]*.

et presque tactile de l'amour que le photographe de l'« objectivité » porte aux choses dans leur proximité comme dans leur exubérance :

> « Cela ressemble, quand le photographe appuie sur le déclencheur, à un baiser ; c'est l'expression la plus immédiate de l'amour pour les choses. [...] Le photographe s'abandonne inconditionnellement aux phénomènes. Directement comme on boit à la source, il tire des choses leurs attraits. [...] Il vit en débauché dans la surabondance de ce monde, il a supprimé le processus mal commode de l'imitation manuelle entre lui et les phénomènes, il en gobe les charmes aussi prestement que possible[135]. »

Voici donc une image *réaliste*, fût-elle signée par Moholy-Nagy : réaliste en ce sens précis qu'elle « s'abandonne inconditionnellement » au plus humble chiffon traînant dans la rue ; qu'elle ne craint pas de « boire directement à la source » du caniveau ; qu'elle pose son « baiser » jusque sur la lie de la ville. Elle est réaliste en ce qu'elle *regarde* ce sur quoi, généralement, on ne fait que *marcher*. Il est vrai, disent les théoriciens de la *Neue Sachlichkeit*, que « l'homme des grandes villes est presque aveuglé par la profusion optique, la confusion croissante de ses impressions[136] »... En sorte qu'il revient aux photographes, ces archéologues de l'insu, de « pister des objets silencieux avec leur appareil et [d']extraire de l'abondance infinie un morceau d'existence, un fragment qui, détaché de tout désordre, est tout nouveau, tout pur et que l'on n'avait encore jamais vu[137] ».

S'agissant de Moholy-Nagy, une telle analyse s'avère cependant insuffisante (comme cela arrive souvent en histoire, une interprétation garde sa justesse selon une certaine échelle de grandeur, et la perd quand on adopte un point de vue plus resserré). Lorsque Walter Peterhans – photographe professionnel et théoricien de la *Neue Sachlichkeit* – reprit en 1928 le cours du Bauhaus laissé par Moholy-Nagy, il abandonna la plupart des préceptes formulés par celui-ci, pour n'exalter que la « parfaite maîtrise technique, la précision et le détail, la prédilection pour la nature morte », en un credo esthétique proche de celui qu'Ansel Adams et Edward Weston, aux États-Unis, allaient définir deux ans plus tard sous le nom du « Groupe f.64[138] ». C'est plutôt du côté de Baudelaire et de Zola, de

Benjamin et de Brecht qu'il faudrait situer la *Sachlichkeit*, la « choséité » de cette image.

Il semblera peut-être surprenant – du moins pour qui voudrait se satisfaire d'une vision étroite du « modernisme » selon Moholy-Nagy – que Franz Roh, en 1929, ait parlé de cette image dans un vocabulaire rigoureusement *expressionniste*. Non pas au sens stylistique de ce que l'histoire de l'art allemande a nommé *Expressionismus*, sans doute. Mais au sens conceptuel de ce que la philosophie et la psychologie allemandes ont nommé *Ausdruck*, ce vieux « problème de l'expression » qui court depuis Spinoza jusqu'à Nietzsche et au-delà[139].

Dans son essai introductif au recueil *Foto-Auge* – où je rappelle que notre image fut reproduite –, Franz Roh abordait justement la photographie en général selon le point de vue dialectique d'une relation entre « mécanisme et expression » (*Mechanismus und Ausdruck*)[140]. Le procédé photographique relève bien du mécanisme (appareil, obturateur...) et de la chimie (sensibilité, révélation...), certes. Mais, loin d'en affaiblir la valeur expressive, cette médiation technique la renforce au contraire, parce qu'elle lui offre un outil incomparablement ouvert et puissant. L'outil mécanique – l'appareil photo –, loin d'être pensé comme une chose neutre, froide, inerte, se voit ici considéré sous l'angle de sa plasticité, de sa valeur heuristique, de son ouverture à tous les possibles du visuel. Voilà pourquoi, au moment même où Carl Einstein, Georges Bataille et Michel Leiris rendaient au « document » toute sa force de subversion esthétique[141], Franz Roh aura pu parler du reportage photographique comme « une des manifestations principales de l'esprit vital des hommes », où il convient de mettre au premier plan « les représentations qui visent à un maximum d'expression (*die eine ausdrucksgesättigte Fläche herstellen will*)[142] ».

Aucune photographie, selon Franz Roh, ne peut donc se réduire à une simple copie « objective » de la réalité. Toute image est expressive, ne serait-ce que par « le point de vue, le champ embrassé, l'éclairage, mais surtout le choix du sujet lui-même[143] ». Or, l'exemple qui l'illustre le mieux n'est autre que la photographie du « haillon » réalisée en 1925 par Moholy-Nagy dans les rues de Paris :

> « [...] la *photographie de la réalité* (*Wirklichkeitsfoto*) a reçu aussi des charmes nouveaux. Tout d'abord, il faut noter l'accession d'autres objets susceptibles d'être fixés par la plaque

> photographique, ce qui constitue toujours un élément de progrès. En effet, dans la routine de la vie sensible, l'humanité ne jouit jamais que d'une toute petite portion conventionnelle de ses possibilités de jouissances tirées des choses. C'est ainsi que je me rappelle que des gens à l'esprit d'ailleurs vivant ne voulaient pas du tout comprendre pourquoi, par exemple, l'égout parisien (*Pariser Kanalkloake*) avait fait l'objet d'une prise de vue. Enfin, cependant, ces gens finirent par saisir combien un coin de réalité de cette espèce peut être expressif et presque symbolique (*wie ausdrucksvoll und fast symbolisch*), quand on voit là les entrailles souterraines d'une ville énorme avec tous les produits de la digestion d'une métropole expulsés au dehors. La teneur infernale (*der infernalische Gehalt*) d'une grande ville se trouve ainsi saisie de façon significative dans un petit détail. En prenant position justement là où les pulsations de la vie organique (*organisches Leben*) se font sentir au milieu du mécanisme, le photographe nous captive comme un enchanteur par cette double prise (*Doppelgriffe*) hardie[144] ».

Que nous dit ce texte sur ce que nous « dit » l'image du haillon des rues ? Qu'il faut en tirer une leçon profondément dialectique : la captation mécanique du monde visible dans l'appareil photographique n'enferme rien du tout. Au contraire, elle ouvre en grand le champ perceptif des « jouissances tirées des choses ». Mais cette ouverture ouvre d'autres portes en série : Franz Roh comprend immédiatement qu'élargir le champ perceptif, c'est du même coup élargir le champ sensoriel (nous voici près d'Erwin Straus[145]), et fantasmatique (nous voici près de Sigmund Freud). C'est pourquoi la *Sachlichkeit* du « haillon des rues » autorise, sous la plume de Franz Roh – et avec l'accord de Moholy-Nagy, bien sûr –, ce vocabulaire de l'*Unheimlichkeit* que l'on retrouve dans le titre choisi pour l'image en 1930. Dans *Foto-Auge*, Roh associait déjà la « saisie » photographique du réel à un phénomène dominé par la *hantise* :

> « Le mot : "Dis-moi qui tu hantes, et je te dirai qui tu es", s'applique tout aussi bien aux éléments de la réalité qui fixent notre attention[146]. »

La hantise trouve son incarnation dans une image douée d'« expression » (*Ausdruck*), donc d'intensité. « Expressif et presque symbolique », écrit Franz Roh qui désigne ici, nommément, la « teneur infernale » des grandes villes saisie par Moholy-Nagy dans le « petit détail » d'un accessoire urbain que personne ne regarde jamais et dont, *a fortiori*, personne ne s'inquiète jamais. Toute la leçon de *Foto-Auge* gît là, précisément : on découvrira, dans les images produites par les artistes de l'avant-garde, que le monde est « beau, mais aussi : excitant, cruel, étrange ! » (*erregend, grausam und absonderlich*) [147].

Nous voici tout à coup près de Georges Bataille et de Walter Benjamin : cruauté, mais cruauté dialectique. Lorsque Franz Roh note que la saisie photographique d'une triviale bouche d'égout constitue, à rigoureusement parler, une *Doppelgriffe*, nous pouvons sans peine reconnaître à l'œuvre la fameuse « image dialectique » benjaminienne. Ici, en effet, la conjonction intime de la « vie mécanique » et de la « vie organique » s'opère à tous les niveaux : au niveau de l'acte photographique (déclenchement mécanique de l'appareil, caractère vital, corporel et même pulsionnel, de la prise) comme au niveau de l'objet photographié (appareillage technique de l'égout, caractère organique du mouvement de l'eau charriant les détritus de toute une vie urbaine). Plus encore, l'intensité – jusqu'à la « cruauté » – dont se rend capable l'image photographique nous révèle, par contrecoup, ce dont Benjamin parlait si bien dans *Le Livre des passages* : à savoir l'« intense (*leidenschaftlich*) travail au sein des choses [148] », la puissance que possède, par exemple, ce simple haillon de charrier, avec ses détritus, quelque chose comme une violence fondamentale. Un *pathos*, une passion (*Leidenschaft*) intrinsèques. Or, qu'est-ce qu'un tissu animé de *pathos*, sinon une *draperie*, au sens le plus ancien, le plus grec, le plus dionysiaque qui soit ?

Nous voici donc près d'Aby Warburg et du problème – central à tout notre propos – de la « formule de pathos » (*Pathosformel*). La « double prise » dont parle Franz Roh s'éclairera mieux encore d'un tel rapprochement : Moholy-Nagy a produit une image intensifiée, extrayant – « exprimant » – d'une banale serpillière trempée sa valeur « expressive et presque symbolique », sa « teneur infernale », son inquiétante étrangeté. Il a donc « exprimé » – au sens très physique du chiffon que l'on comprime et que l'on tord pour en extraire ses saletés, ses humeurs – un *pathos*. Mais comment a-t-il fait pour l'« exprimer » ? Il a regardé un « détail » : là où gît, comme disait Warburg, le « bon Dieu », c'est-à-dire, ici, le rebut, le démon des grandes villes. Mais, surtout, il a inventé un processus *formel* pour ce regard. Roh ne dit pas autre chose : voici, affirme-t-il, « de l'ancien, mais vu de façon nouvelle » (*alte, aber neu gesehen*), ce qui aura permis d'ouvrir « des sources d'images de différents degrés de plasticité (*Plastizität*) [...] : prises de vue hardies, plongeantes ou relevées, que nous fournit la technique nouvelle avec ses changements de niveau subits[149] ».

Il revient à Moholy-Nagy lui-même d'avoir exactement défini ce processus *formel* producteur d'intensité « expressive » ou *pathétique*. Il l'a nommé « contre-composition » (*Kontrakomposition*) et cela, non par hasard, en 1925 : au cours même de son voyage en France – donc aussi, probablement, de ses ardentes discussions théoriques – avec Siegfried Giedion. Celui-ci s'est plus tard souvenu du Leica dirigé dans tous les sens par son ami hongrois :

> « Je me souviens d'un court séjour que j'ai fait en commun avec Moholy à Belle-Île-en-Mer en 1925, où Moholy, au mépris de tous les principes reconnus et professés par les photographes, s'amusait à faire des prises photographiques de bas en haut, et inversement. Ces raccourcis surprenants, cette impétuosité des lignes précipitées l'une dans l'autre, offraient un tel attrait artistique que, peu après, ils devinrent le bien général et furent largement répandus[150]. »

Ce que Giedion dit là des photographies réalisées à Belle-Île vaut déjà pour l'image parisienne du caniveau et, en général, pour la majorité des photographies réalisées par Moholy-Nagy dans les grandes villes qu'il aimait arpenter, Berlin, Marseille ou Chicago[151]. Partout le sol est présent, partout saisi en plongée, notamment dans l'admirable série sur Marseille, en 1929, où le choix *formel* sert une véritable *pathétique* sociale et matérielle de la grande ville : pavés envahissants, clochards écrasés sur le sol par la fatigue ou par l'alcool, travail humain producteur de stries, de traces, de textures en tout genre, détritus qui s'amoncellent[152]... Tout cela assommé par l'air lui-même, qui pèse sur toute chose et voue les êtres à choir, épuisés, vers le bitume.

> «Il fait tellement chaud que l'on a l'impression que même les routes vont fondre. [...] En bas, sur le port, tous ceux qu'un travail urgent n'obligent pas à bouger sont couchés sur des planches dans l'eau ou au bord de l'eau. Les yeux fermés, assommés par le soleil, ils dorment [...]. À midi, le soleil tape si fort que la tête vous tourne [...]. Peut-être la ville montre-t-elle son vrai visage pendant les grandes chaleurs car les gens sont trop épuisés pour se dominer[153].»

À Paris, ce n'est certes pas le soleil qui vous fera tourner la tête. Mais le «vrai visage» de la ville pourra surgir lorsqu'une ruisselante saleté prend le pouvoir de faire pivoter votre tête – et l'objectif de votre Leica – vers le caniveau. En 1927, Moholy-Nagy donnait comme un des «éléments constitutifs du procédé photographique» le choix de «points de vue inhabituels obtenus par des prises de vue en biais, d'en haut, d'en bas[154]». On sait combien cet «élément constitutif» fut partagé par les avant-gardes photographiques de ces années-là : il ne s'agissait pas seulement, d'ailleurs, d'avoir *déplacé* le point de vue – par toutes sortes de pivotements, en particulier l'inversion du haut et du bas, la négation de toute assise du regard réglée sur l'horizon –, mais encore de suggérer la *motricité* qu'implique le déplacement en tant que processus. Non pas seulement la vue déplacée, mais encore *la vue en déplacement* : ce qui nous révèle la primauté de la marche, la chasse aux images ouverte par le flâneur sur le trottoir des grandes villes[155].

Voilà qui nous révèle aussi la primauté du cinéma. L'homme au Leica qu'était devenu Moholy-Nagy en 1925 désirait surtout être un homme à la caméra. Le «haillon des trottoirs» constitue sans doute une image unique dans la production de Moholy-Nagy – du moins à ma connaissance –, mais tout porte à croire que l'artiste l'aurait volontiers, non seulement inclus dans une série, mais encore pensé comme le moment, le photogramme d'un film expérimental (on comprendra mieux, soit dit en passant, le lien très fort qu'entretient le projet d'Alain Fleischer sur les *Paysages du sol* et les *Films-Observations* avec la problématique exemplairement polymorphe de Moholy-Nagy).

En atteste la proximité historique et esthétique de notre photographie avec le projet de film intitulé *Dynamique de la grande ville*. Il s'agissait de faire émerger la «vie organique» des cités modernes – Paris ou Berlin, Marseille ou Chicago – comme une expérience visuelle d'*intensités montées* rythmiquement les unes avec les autres (ou les unes contre les autres) : un monte-charge avec une cave obscure, un carrefour vu du ciel avec un pylone vu du sol, des enfants criant devant Guignol avec un tigre exaspéré derrière sa cage au zoo, un bœuf hurlant à l'abattoir avec des clowns et des acrobates au cirque, un tramway qui passe à vive allure avec la lente autopsie d'un cadavre filmée à la morgue, les jambes nues de danseuses au cabaret avec un poulet squelettique, etc. [156]

> «Le film *Dynamique de la grande ville* n'a pas pour vocation d'instruire, de moraliser ou de raconter une histoire; son ambition est d'avoir un effet visuel et uniquement visuel. Les éléments mis en œuvre n'ont pas nécessairement ici de cohérence logique; cependant, leurs relations photographico-visuelles leur permettent de constituer un ensemble vivant et homogène d'événements spatio-temporels où le spectateur est intégré de manière active à la dynamique de la ville [157]. »

Dans cette empathie visuelle qu'accentuent les gros plans, les raccourcis, les plongées ou les contre-plongées, surgiront bientôt – prévenus par la photographie de 1925, nous pouvions nous y attendre – le *regard* des eaux et la *bouche* des égouts :

> «[...] une course à bout de souffle, le chaos de la ville. Entrepôts et caves. [...] Panorama. Cohue. [...] Sous les avenues, les égouts. [...] La foule comme des vagues. [...] Entrée d'égouts au-dessus et au-dessous du niveau de l'eau. Au travers des canalisations avec un canot à moteur vers le dépôt d'ordures. Traitement des ordures dans une usine. Monticules de boulons rouillés, boîtes, chaussures, etc. Un élévateur à godets avec vue plongeante jusqu'au plus profond et retour. [...] Un cadavre nage sur l'eau très lentement [158] ».

Si, dans tout cela, la question du rythme s'avère cruciale – le mot *tempo* apparaissant presque à chaque page du scénario de Moholy-Nagy, souvent répété plusieurs fois de suite –, ce n'est certainement pas pour de simples enjeux de «bonne composition». Il n'y a de *forme*, selon Moholy-Nagy, qu'*intense* : c'est-à-dire «expressive», nouée à un *pathos* fondamental, donc à une dimension psychique, mais aussi corporelle, chorégraphique et musicale. La « brutalité » que revendique explicitement *Dynamique de la grande ville* vise quelque chose comme une motricité essentielle, une polysensorialisation de l'image. « Le rythme est dur », ici, parce que la ville elle-même est dure. Et parce que la *peur* lui donne son élément pathétique omniprésent. Pourquoi le « mécanisme » de la caméra nous donne-t-il si bien accès à une telle « expression » ? Précisément parce que la peur, dit Moholy-Nagy, fait partie de ses possibilités visuelles, on pourrait même dire de ses possibilités techniques : « Sur les montagnes russes, tout le monde ferme les yeux au moment de la chute. Pas la caméra[159]. »

Une caméra n'a jamais froid aux yeux. En nous montrant des locomotives qui foncent vers nous, en pratiquant elle-même de vertigineuses chutes vers le sol, la caméra nous donne à voir frontalement ce qui, d'ordinaire, nous fait clore les yeux ou nous blottir de peur dans un réflexe de défense. Nous ne nous regardons jamais tomber. Au cinéma, oui, ou presque :

> « Le centre s'ouvre, *tout* tombe par terre – par terre – par terre. […] La caméra bascule rapidement ; produit la sensation d'une chute profonde[160]. »

Dynamique de la grande ville doit donc se comprendre comme un *clinamen* : simple comme une *chute visuelle* vers les entrailles de la ville, complexe comme le *montage d'intensités* que cette visualité requiert. Vers 1928, Moholy-Nagy a fait une liste de ses projets cinématographiques urbains : on y trouve *Ciment*, un film où le travail des maçons aurait été montré dans la seule transformation texturale d'un matériau ; *Le Ventre de Berlin*, un film où aurait été analysé le trajet d'un animal depuis l'abattoir jusqu'à la boîte de conserve ; ou encore *La Vie d'une rue*, que l'artiste pensait comme l'observation d'une seule portion de rue pendant deux années consécutives[161].

Les films réalisés par Moholy-Nagy ne se tiennent peut-être pas toujours à la hauteur – ou à la chute vertigineuse, à la complexité en tout cas – d'un tel projet. *Marseille, Vieux-Port*, en 1929, et *Berliner Stilleben*, en 1931, font néanmoins danser tout l'espace urbain, entre des visions qui s'élèvent violemment (ponts, échafaudages, verrières)

35 a-d. László Moholy-Nagy, *Berliner Stilleben*, 1931, film muet 16 mm en noir et blanc, 8'30 (photogrammes). Paris, Centre Georges Pompidou-Musée national d'art moderne.

et des visions qui s'écrasent lourdement (clochards, pavés, tas d'ordures)[162] **[fig. 35]**. *Dynamique de la grande ville*, resté à l'état de projet, nous fait imaginer le « monstre » d'une esthétique du document qui aurait été épiquement raconté à la Eisenstein, formellement construit à la Lissitzky et, en même temps, intensifié jusque dans ses effets surréalistes, comme dans les montages photographiques chers à Georges Bataille...

Alors : réalisme ? expressionnisme ? surréalisme ? formalisme ? Moholy-Nagy répondra, en 1933 : « Psychophysique ». Se basant – dit-il – sur les idées de Goethe, il verra dans le film « un travail éducatif de l'œil, à la fois moral et sensitif, un travail plus élargi que celui des autres moyens de la création optique [...]. Dans ce sens, le film est notre moyen futur le plus important pour l'*appréhension de l'espace*[163] ».

Mais ce que la *chute de la chose*, au cinéma, nous montre en nous laissant suivre son mouvement même – donc en nous y faisant,

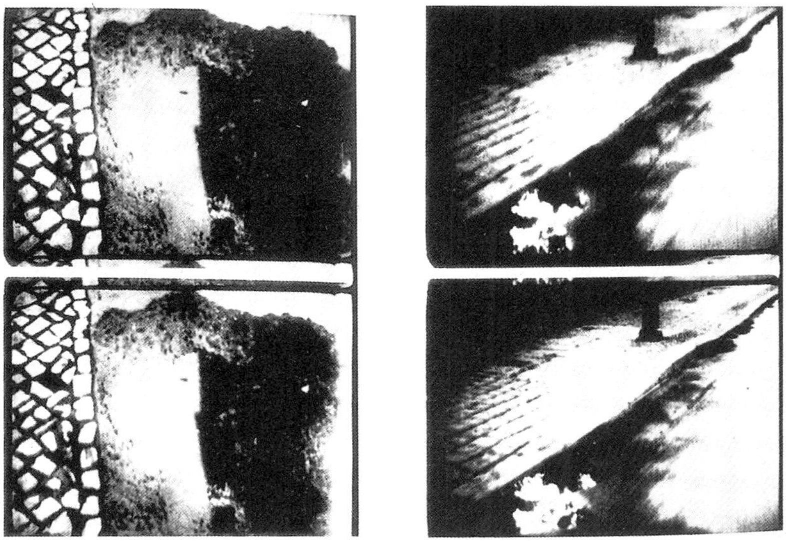

d'une certaine manière, participer –, la *chose chue*, en photographie, nous le montre déjà en nous laissant supposer son mouvement. Et c'est ainsi qu'elle concourt avec le cinéma pour formuler ce que serait une nouvelle *expérience «psychophysique» de l'espace* :

> «*La nouvelle expérience de l'espace.* À travers la photographie (et plus encore le film), nous avons acquis de nouvelles expériences de l'espace, avec leur aide et celle des nouvelles écoles d'architecture nous avons atteint à l'élargissement [...] de notre appréciation de l'espace. Pour la compréhension de la nouvelle culture de l'espace – grâce aux photographes –, l'humanité a acquis le pouvoir de percevoir son entourage et sa vraie existence avec des yeux nouveaux[164].»

Ces «yeux nouveaux» sont des yeux grands ouverts à une expérience intensifiée de la forme. En ce sens, Moholy-Nagy avait bien raison d'en appeler à Goethe : la photographie – par l'axe du point de vue, l'éclairage, le contraste des valeurs, le grossissement – nous rapproche de la morphologie, de la *texture des choses.* Voilà pourquoi la photographie de 1925 s'est vue associée, dans le grand traité de Moholy-Nagy *Von Material zu Architektur*, à une réflexion approfondie sur ce qu'il nommait la *Faktur*, et commentée sous l'angle matérialiste d'une « accumulation de textures aquatiques » formant conflits : ce que nous montre l'image, en effet, n'est rien d'autre que la rencontre de l'eau courante, de la « serpillière » et des ordures accumulées contre un trottoir et produisant quelque chose comme une « croûte de crasse » (*Schmutzkruste*) en mouvement[165].

Telle est donc la dignité texturale de notre haillon des rues : elle fait, dans *Von Material zu Architektur*, partie intégrante d'une véritable pensée morphologique qui permettait à Moholy-Nagy de montrer, de *monter* ensemble vues aériennes de tissus urbains avec vues microscopiques d'organismes filandreux, coupes géologiques avec nervures d'arbres, visage ridé de vieillard avec pomme pourrie, ondes sonores de la voix de Caruso avec sillage d'un bateau vu d'en haut, tas de pneus usagés **[fig. 36]** avec défilé de troupes américaines, gouttes d'essence sur l'eau avec cratères de volcans[166]… La « serpillière », elle, sera reproduite en regard d'un village palestinien photographié depuis le ciel **[fig. 37]**, sous l'énoncé, le concept morphologique commun de l'agglutination en tas (*Häufung*)[167].

Le désir morphologique de Moholy-Nagy ? Pénétrer dans l'agglutination des choses, explorer des tas de choses – les tas informes de toutes sortes de choses – pour y découvrir une espèce de vie organique, le *remous matériel des formes.* En ce sens peut-on dire que le photogramme – les fameuses expériences de « lumière pure » menées par l'artiste sur plusieurs décennies – ne contredit en rien l'image « réaliste » du haillon des rues. La photographie de 1925 relève bien du « monde extérieur », comme dira Moholy-Nagy, puisqu'elle suppose une distance optique à son objet. Mais cette distance est montrée de telle sorte que nous soit rendu sensible le mouvement d'inclinaison du regard – un *clinamen* de la vision elle-même – qui s'approche toujours plus près de la chose.

Le photogramme ne fait que franchir le pas de la *proximité* optique à l'*intimité* tactile : c'est, alors, la texture comme telle (le drapé, pour ainsi dire) qui *produit* l'image par contact. Nous sommes

36. Photographe anonyme, *Tas de pneus usagés*, vers 1925. D'après László Moholy-Nagy, *Von Material zu Architektur*, Munich, 1929, planche 32.

37. Photographe anonyme, *Accumulation urbaine (Hébron) vue du ciel*, vers 1925. D'après László Moholy-Nagy, *Von Material zu Architektur*, Munich, 1929, planche 35.

devant un photogramme comme *dedans* la texture du matériau embrassé à la surface photosensible **[fig. 38]**. Et Moholy-Nagy de qualifier à raison ses images-contact sous l'angle de ce qu'il nomme une « vie intérieure[168] ». Non pas la « vie intérieure » du *pathos* où s'exprimerait un sujet avec ses états d'âme. Mais la « vie intérieure » du *pathos* où s'exprime, matériellement, le subjectile des opérations formelles mises en jeu par la situation de regard. En 1925, Moholy-Nagy avait entrepris de regarder le trottoir de Paris comme un subjectile de cette sorte : le trottoir *s'exprime* en ce qu'il fait sourdre de ses propres organes tégumentaires – pavé, serpillière, ruisseau, plaque d'égout – un petit bout, mais intense, de la « vie infernale » des grandes villes.

38. László Moholy-Nagy, *Diagramme de forces*, vers 1939, photogramme, gélatine d'argent. Houston, The Museum of Fine Arts.

De l'informe, et de ses draperies

Subrepticement mais souverainement, l'image de Moholy-Nagy a fait école. On retrouve ses choix figuraux dans bien d'autres explorations ultérieures de la rue parisienne. André Kertész, en 1929, photographiera le caniveau sans ses « haillons » ; mais l'eau qui court suffit à elle seule pour former une véritable draperie, presque une chevelure émanée du trottoir lui-même **[fig. 39]**. Quelques années plus tard, Wols inclinera aussi son objectif vers le pavé humide : l'eau ne court plus, la « serpillière » n'est plus là, mais la *Schmutzkruste* remarquée par Moholy-Nagy n'en prend que plus d'importance[169] **[fig. 40]**.

Germaine Krull aura, quant à elle, porté toute son attention sur l'aspect misérable – donc hautement social, hautement humain – des haillons échoués sur le pavé parisien : dans une photographie de 1928 qui s'attarde sur les reliefs du marché, dans le quartier des Halles, on croirait retrouver, sous un autre angle de vue, le drapé même de *Ninfa* abandonné par Poussin dans le tableau de Londres **[fig. 15 et 41]**. Un tas de fruits plus ou moins pourris remplace la corbeille de fleurs renversées, et le masque de comédie a disparu, bien sûr. Mais quelque chose demeure dans cette décomposition : quelque chose *survit*. Une mémoire est à l'œuvre, que Moholy-Nagy lui-même – si l'on n'oublie pas ses contemporains Franz Roh, Siegfried Giedion ou Walter Benjamin – nous aide à comprendre dans le mot employé par lui en 1933, le mot « psychophysique ».

De quelle *psyché* s'agit-il donc avec cette « psychophysique » que Moholy-Nagy voyait à l'œuvre dans la photographie et le cinéma d'avant-garde ? Il est possible, bien sûr, d'y voir un écho direct de la

39. André Kertész, *Trottoir*, 1929, photographie. Paris, collection particulière.

« psychologie physiologique » allemande du XIXe siècle, celle de Gustav Theodor Fechner, en particulier[170]. Mais il n'est pas indifférent de savoir que l'ancien professeur du Bauhaus a tenté, dès 1943, de formuler le lien qui rattacherait la photographie comme « enregistrement de la réalité immédiate » avec quelque chose qu'il nomme l'« enregistrement de la réalité de l'inconscient[171] ». Il en serait, au fond, de la photographie comme de la découverte freudienne : l'une et l'autre, chacune à son niveau, font exploser les cadres de la représentation classique. L'*automatisme* de la machine photographique – et, plus encore, de la caméra – rompt décisivement avec toute idée d'une représentation-résultat (on observe la nature, on l'imite, le résultat sera un beau tableau) et lui substitue celle d'une représentation-processus, dans laquelle toute image sera pensée comme puissance, comme potentialité dans une *série* :

40. Wols, *Sans titre*, 1932-1939, photographie.
Paris, collection particulière.

> « *Séries (la photographie comme succession d'images du même objet).* [...] La série n'est plus un "tableau", aucun des canons de l'esthétique picturale ne peut s'appliquer à elle. [...] [La série révèle] la vraie signification du film[172]. »

À l'automatisme physique de la machine photographique répond dès lors l'automatisme psychique repérable dans la compulsion de répétition, le *Wiederholungszwang* freudien[173]. À la *série* physique des images que le rouleau de pellicule produit lorsqu'on appuie plusieurs fois de suite sur le déclencheur devant un même objet photographié – tout en se déplaçant par rapport à l'objet, que ce soit volontairement ou non –, au *montage* à quoi cette série peut donner lieu répond l'*association* psychique que déroule tout sujet parlant accordé au rythme de ses motions inconscientes. C'est un fait d'expérience bien connu : l'association libre libère, dans les images ou les paroles les plus familières, l'inquiétante étrangeté d'un fantasme insu. De la même façon, la pratique photographique libère l'*Unheimlichkeit* – dont parlait Franz Roh à propos de notre « haillon des rues » – dans la vision des objets les plus familiers de notre entourage.

Ce type de raisonnement sous-tend, me semble-t-il, toute l'argumentation de Moholy-Nagy lui-même lorsqu'il finit par énoncer le caractère presque immédiatement surréaliste – ou, du moins, « imaginaire » et « fantastique » – de la photographie en général :

> « La particularité de la photographie, à l'origine créée pour l'enregistrement exact de la réalité immédiate, est de pouvoir se transformer en instrument du fantastique, du rêve, du surréel et de l'imaginaire. Le désir de pénétrer l'inconscient et d'atteindre un mécanisme d'inspiration plus facilement contrôlable est sans nul doute un aspect éternel de la condition humaine. La photographie sans appareil, les prismes, le photomontage, les distorsions mécaniques ou chimiques, l'utilisation de négatifs et la solarisation sont autant de techniques légitimes d'enregistrement photographique. En même temps, elles permettent de créer un langage photographique plus complexe, peut-être le langage "véritable" dont parlait André Breton[174]. »

De telles phrases anticipent – de quarante ans – les justes remarques de Rosalind Krauss sur la cohérence *sémiotique* de la « Nouvelle Vision » photographique dans les années vingt et trente, par-delà toutes les hétérogénéités *stylistiques* qui semblent, à première vue, éloigner le « réalisme » allemand du « constructivisme » russe, et celui-ci du « surréalisme » français[175]. Mais ces phrases contredisent, dans le même temps, la rigidité des conclusions « anti-modernistes » auxquelles Rosalind Krauss, avec Yve-Alain Bois, a fini par aboutir, lorsqu'il s'est agi de labéliser l'*informe* bataillien dans une opposition sans recours – sans nuances, donc triviale – à tous les « postulats du modernisme » : en affirmant, par exemple, que l'informe opposerait au « primat moderniste de la vision » celui de l'« horizontalisation[176] ».

La guenille photographiée par Moholy-Nagy suffit à réfuter les opinions spécieuses sur la « verticalité du champ visuel[177] » et la spécificité « anti-moderniste » du mouvement vers le bas cher à Georges Bataille : la « Nouvelle Vision » promue par Moholy-Nagy dans le contexte du Bauhaus était typiquement *moderne*, tout en incluant ces effets de renversements sens dessus dessous dont les surréalistes furent, par ailleurs – comme aujourd'hui le « postmodernisme » de Steve McQueen –, si friands. D'autre part, l'histoire de la sculpture n'aura pas attendu Giacometti ou Robert Morris pour mettre en œuvre, depuis l'Antiquité, l'écrasement des corps et le *pathos* de l'horizontalisation **[fig. 16-25]**.

Moholy-Nagy, dans son texte, a d'ailleurs bien pris soin d'extraire tout « désir de pénétrer l'inconscient » hors d'une chronologie brutale de l'avant et de l'après (fût-ce l'après-Freud) : il sait bien que tout cela – vocation à l'écrasement des choses, matérialité de l'informe, caractère pulsionnel du mouvement de chute – ne date pas d'aujourd'hui. Il dit même que « [c'] est sans nul doute un aspect *éternel* de la condition humaine[178] ».

Sans doute un tel adjectif résonne-t-il étrangement sous la plume d'un représentant si typique de l'avant-garde artistique européenne. Cet adjectif nous montre à lui seul combien les « modernes » ne furent en rien ces « modernistes » bornés dans l'idée du progrès qu'imagine, justement, le credo « postmoderniste ». On comprendra mieux son enjeu en le situant dans la perspective théorique adoptée par Siegfried Giedion vers les mêmes années où il fut employé par Moholy-Nagy : après avoir si bien contribué à l'*histoire* culturelle de notre époque moderne sous l'angle de la « mécanisation au pouvoir[179] », Giedion ne s'était-il pas tourné vers une *archéologie* des formes plastiques à travers sa grande étude sur l'art préhistorique[180] ? Or, ce livre, intitulé *L'Éternel présent*, se place tout entier dans le sillage de la notion de *survivance*. Quatre épigraphes en inaugurent le développement : elles sont dues à Edward B. Tylor (l'introducteur, en ethnologie, de la notion de *survival*[181]) et à Jacob Burckhardt (le maître d'Aby Warburg[182]), puis à Paul Klee et au poète Ezra Pound dont Giedion cite cette phrase très benjaminienne : « Tous les âges sont contemporains[183]. »

L'*éternel présent* n'est pas l'intemporel, l'archétypal ou l'essence immuable des formes artistiques par-delà toute histoire. C'est – dans le contexte d'une pensée comme celle de Giedion – l'écheveau des survivances dans la reformulation historique de chaque présent des formes. Nous ne sommes pas dans la sphère idéale de notions universelles, mais dans la très concrète *matérialité de l'immémorial* : celle-là même que Walter Benjamin scrutait dans les rues de Paris et dans le « travail intense au sein des choses » qui y traînent de ci, de là[184].

Nous sommes dans la rue, tête baissée, regard flânant, flottant. Une vieille guenille traîne contre le trottoir, l'eau courante du caniveau y charriant sa « croûte de crasse ». Avec ce *rebut des rues*, la *misère des formes* – une espèce de laideur – fait irruption dans le paysage monumental de la grande ville : elle est, dit Benjamin, « l'équivalent des coups terrifiants à la porte quand nous dormons[185] ». C'est-à-dire qu'elle marque l'entrée inquiétante d'un réel ou d'un cauchemar – c'est selon, ou c'est tout cela ensemble – dans notre perception habituelle de la réalité familière. À côté de la guenille photographiée aux Halles par Germaine Krull **[fig. 41]**, les fruits ne vont pas tarder à pourrir. Or, c'est ici même que Benjamin verra un objet de pensée par excellence pour toute archéologie de la grande ville :

> « Les "ferments" sont des substances qui produisent ou accélèrent la décomposition de quantités comparativement grandes d'autres substances organiques... Mais ces "autres substances organiques", sur lesquelles les ferments exercent leur pouvoir de décomposition, sont des formes stylistiques transmises par la tradition[186]. »

Comprenons qu'au rebours des choses qui, dans les *renaissances*, se transmettent *pures* – fantasme, bien sûr –, les choses qui se transmettent dans les *survivances* deviennent – et reviennent – toujours plus *impures*. Elles décrivent un mouvement fatal de *clinamen*, elles n'existent que dans leur « supposition » (leur passage dans les dessous) et leur vocation à toujours plus se *décomposer*. Les fruits ne vont pas tarder à pourrir, la draperie des trottoirs ne va pas cesser de « descendre » vers l'informe, vers l'immonde *Schmutzkruste*.

« Créer de l'histoire avec les détritus mêmes de l'histoire », écrit bien Walter Benjamin en exergue à l'une des sections du *Livre des passages* – celle-là même où il est question d'histoire de l'art et de

41. Germaine Krull, *Rue de Rivoli-Rue des Halles à 10 h et demie du matin*, vers 1928, photographie. Essen, Museum Folkwang.

«modernité[187]». Mais pourquoi cette *dignité historique du rebut*, du haillon des rues ? Parce qu'il manifeste, dans son mouvement de décomposition, un *état intervallaire* entre deux stases de l'objet : encore humain – voire anthropomorphe – et déjà informe. Encore repérable dans sa fonction et déjà ne servant plus à rien. Encore chose déterminée, déjà matière indéterminée. Warburg, on le sait, défendait une «iconologie de l'intervalle» : Benjamin aura poussé ce principe épistémologique jusqu'à écrire que «c'est précisément dans les détails infimes de l'"intermédiaire" que se manifeste l'éternellement identique[188]» (mais il eût mieux valu dire, je crois, l'*éternellement revenant* des survivances).

Ce qu'offre le rebut à l'anthropologue des villes n'est autre qu'un contre-motif nécessaire à la dialectique, si importante chez

Benjamin – d'après et après Karl Marx –, de la « marchandise-fétiche[189] ». La vieille loque gisant contre le trottoir **[fig. 34]** ou la guenille échouée près des fruits pourrissant **[fig. 41]** marquent l'état détumescent du fétichisme de la marchandise, son état – critique – de décomposition avancée. Voilà pourquoi Benjamin s'est passionné pour les moments « pathologiques » ou, si j'ose dire, « dépressifs », de l'objet moderne : voilà pourquoi il a pu accorder une telle attention au « style pieuvre » des ornements, à la peluche, à la poussière et à tout ce qu'il nomme la « matière avortée », aux draperies surannées et moisies des châles parisiens, aux plis des jupes féminines, aux « perspectives étouffées » ou oppressantes de l'univers rococo, aux chevelures débordantes d'une vie (séduction, désir, sexualité) marquée par la hantise de l'inorganique (postiche, poupée, cadavre)[190]...

La guenille des rues est donc un objet de prédilection pour l'historien-flâneur des grandes villes : son terrain d'études favori n'est-il pas celui des « pavés eux-mêmes[191] » ? Il y traîne donc ses guêtres et, à chaque pas, à chaque rebut rencontré, « les lointains – qu'il s'agisse de pays ou d'époques – font irruption dans le paysage et l'instant présent[192] ». C'est l'homme du *spleen*, ce « sentiment qui correspond à la catastrophe en permanence » et, plus encore, cette « souffrance que produit le déclin de l'aura[193] ».

Nous voici bien au cœur du problème : en chaque guenille des trottoirs se prolonge, indéfiniment, le *déclin de l'aura* incarné, ici, dans la *chute de Ninfa*. « Je ne vais pas m'approprier les formules spirituelles ni dérober les choses précieuses, écrit Benjamin. Mais les guenilles, les déchets : je veux en faire, non une description, mais une présentation[194]. » Comme le chiffonnier, l'archéologue des villes « compulse les archives de la débauche, le capharnaüm des rebuts. [...] Tout ce que la grande cité a rejeté, tout ce qu'elle a perdu, tout ce qu'elle a dédaigné, tout ce qu'elle a brisé, il le catalogue, il le collectionne[195]. » Dans cette collection – dans le fait, par exemple, de photographier en série un misérable « haillon des trottoirs » –, émergera ce savoir d'un genre nouveau, cette « iconologie de l'intervalle » qu'est l'*anthropologie visuelle des survivances*.

C'est un savoir paradoxal. Dans le déclin de l'*aura*, dans la chute de *Ninfa*, ce sont deux choses – pour autant qu'on puisse les appeler des « choses » – qui finissent par refluer, par remonter.

D'abord, *la matière reflue*, cette « matière naufragée », comme dit Benjamin : impur substrat dont chaque « objet dégradé » se trouve, malgré lui, porteur[196]. Ensuite, *la mémoire reflue*, ce qui donne à chaque rebut, à chaque archive de la destruction, ce que Benjamin appelle le « halo de l'allégorie[197] ». Voilà pourquoi il devient possible, dans cette perspective, de penser ensemble une draperie dionysiaque refigurée par un peintre classique du XVIIe siècle **[fig. 15]** avec un vieil emballage chiffonné attirant le regard d'une photographe de l'avant-garde au XXe siècle **[fig. 41]**.

Le rebut comme allégorie ? Benjamin voit dans toute « matière naufragée » une véritable « élévation de la marchandise au rang d'allégorie[198] ». L'anthropologue des survivances sera donc un *allégoricien*. Et c'est ainsi que la ville entière, explorée dans ses guenilles – ses drapés, ses lambeaux –, fait bifurquer son Maintenant, son présent historique, pour y libérer un faisceau de significations où survit l'Autrefois, c'est-à-dire le passé en tant que non révolu : culture, mythe, mémoire. Voilà pourquoi Baudelaire occupe une position si cruciale dans l'archéologie benjaminienne :

> « Ce qui est unique en son genre dans la poésie de Baudelaire, c'est que les images de la femme et de la mort se compénètrent dans une troisième qui est celle de Paris[199]. »

Au-delà des *tableaux* composés par Louis Sébastien Mercier, au-delà des *organes* étudiés par Maxime Du Camp, les *allégories* baudelairiennes savent faire « lever » les survivances dans la chute, dans la décomposition même des figures de la ville. Quand le flâneur chemine le long des rues, son *spleen* au ventre et son regard chaviré de grâces en guenilles, il passe bien « à travers des forêts de symboles / Qui l'observent avec des regards familiers[200] » – regards infectant le sien propre d'une véritable inquiétude de l'étrange.

Il marche et il regarde. Il jouit de la foule comme un Grec archaïque verrait en chaque chose une divinité : « Ivresse religieuse des grandes villes. – Panthéisme. Moi, c'est tous ; tous, c'est moi. Tourbillon[201]. » Divinités mineures mais omniprésentes et souveraines : le bitumier accroupi dans sa matière magique et nauséabonde d'où s'exhale une fumée d'enfer ; le chiffonnier, maître et Minotaure d'un « labyrinthe fangeux / Où l'humanité grouille en

42. Germaine Krull, *Clocharde*, 1928, photographie. Paris, collection A. Jammes.

ferments orageux[202] »; les Bohémiens de passage, « tribu prophétique aux prunelles ardentes » qu'aime et que guide Cybèle en personne[203]; les petites vieilles et les vieillards aveugles, ces « ombres ratatinées », ces « débris d'humanité » qu'habitent pourtant les plus hauts « mystères » immémoriaux[204].

Or, dans ce panthéon décomposé de la grande ville, *Ninfa*, soudain, va resurgir en personne. C'est la fameuse « passante » des *Fleurs du mal*, « soulevant, balançant le feston et l'ourlet », telle une moderne *Gradiva* qui apparaît et disparaît entre les colonnes (Morris) des Grands Boulevards :

> « Un éclair... puis la nuit ! — Fugitive beauté
> Dont le regard m'a fait soudainement renaître,
> Ne te verrai-je plus que dans l'éternité ?

43. Germaine Krull, *Sans abri (sous les ponts)*, 1928, photographie. Essen, Museum Folkwang.

« Ailleurs, bien loin d'ici ! trop tard ! *jamais* peut-être !
Car j'ignore où tu fuis, tu ne sais où je vais,
Ô toi que j'eusse aimée, ô toi qui le savais[205] ! »

Mais c'est aussi la « mendiante rousse », cette pauvre femme « dont la robe par ses trous / Laisse voir la pauvreté / Et la beauté »… Elle est là, sur le bord du trottoir, tout son équipage (ou son attribut iconographique) réduit à « quelque vieux débris gisant »… Mais l'allégoricien saura reconnaître en elle une « reine de roman », presque une déesse[206]. Telle est *Ninfa moderna*, avec son *pathos* misérable où, cruellement, se juge notre société urbaine. « Baudelaire n'a cessé de voir dans l'attitude du mendiant un test décisif pour la société bourgeoise », écrira Benjamin[207]. Mais l'extrême pauvreté ne juge pas seulement l'état présent d'une culture : sa façon d'être – plus ou moins bien, plus ou moins mal – intégrée à la culture juge aussi le rapport de cette culture à sa propre mémoire. « Tant qu'il y aura encore un mendiant, il y aura encore du mythe », affirme aussi Benjamin[208].

Germaine Krull – à qui l'on doit, par ailleurs, l'un des plus beaux portraits de Benjamin, en 1926, dans une série qui comprenait, parmi d'autres, S. M. Eisenstein et Joris Ivens[209] – s'est intéressée de près aux destins modernes de *Ninfa* : après ses nus chorégraphiques des années 1920-1923, après ses études de châles ou de draperies et ses images érotiques de 1924[210], Germaine Krull a voulu arpenter les rues des grandes villes dans le contraste extrême du *Mechanismus* et de l'*Ausdruck* : entre la mécanisation de la vie urbaine et l'expression spécifique d'une humanité mise au ban, celle des clochards – et, bien sûr, des clochardes… Les revues *Variétés* et *Vu* ont publié, en 1928 et 1929, ses images émouvantes de la misère parisienne[211] **[fig. 42-43]**.

On y découvre l'affinité mortelle des corps humains laissés à l'abandon et du pavé juste en dessous duquel ils n'existeront plus qu'à l'état de cadavres dans quelque fosse commune. Le « seuil de pauvreté » – ainsi qu'on le dit aujourd'hui – s'éprouve visuellement, dans ces images, comme la surface de contact entre chair et pierre, la seconde appelée à « servir de lit » pour un repos toujours inconfortable de la première[212]. Nymphe fatiguée, peut-être malade, déjà recroquevillée dans l'angle cruel du mur et du pavé, la clocharde se sustente un peu, dans le périmètre clos formé par le litron de rouge, les saletés du premier plan et le pauvre drapé de sa couverture **[fig. 42]**.

Le clochard vu d'en haut **[fig. 43]** est encore plus captif de cet espace de dureté où il tente néanmoins de trouver un peu de repos. Dans son dénuement fœtal – ou fatal –, corps en chien de fusil, le clochard photographié par Germaine Krull semble presque collé au sol comme un papillon serait épinglé sur sa plaque de liège. Il rêve peut-être, mais il pourrait être déjà mort. Il dort peut-être, mais la nuit de l'hiver pourrait bien enfoncer son sommeil jusque dans le trépas. Ne comprendrait-on pas mieux, devant cette image, ce que Benjamin voulait dire lorsqu'il écrivait que « pour le *spleen*, l'homme enseveli est le "sujet transcendantal" de l'histoire[213] » ?

44. Adolphe-Frédéric Lejeune, *Le Drame de la rue X*, avant 1889, huile sur toile. Localisation inconnue. Photo Adolphe Braun.

La mort rôde, en tout cas. Elle infecte chaque draperie, chaque lambeau. Elle s'insinue en chaque pli. Et se propage elle-même comme une opération de pli : en extension, en intensité, par inhérence. Pour finir, elle saisira les corps dans son embrassement définitif. Son œuvre négative passe constamment des *tissus* (les « accessoires en mouvement » chers à Warburg : les robes et les drapés) aux *tissus* (la texture même, l'intimité, les arcanes de notre propre chair).

Ce funeste mouvement est partout mis en scène chez Baudelaire. L'art, pour lui – avec le culte de la beauté et de la grâce qu'il suppose –, a donc repris le *pli de la mort*. Tous les motifs admirés par Warburg chez Botticelli, chez Ghirlandaio et, en amont, dans la statuaire funéraire ou dionysiaque de l'Antiquité, se retrouvent survivants chez Baudelaire : c'est-à-dire enveloppés dans le suaire des fantômes, froissés par la main du diable, agités par le vent de la destruction. Culte de la *chevelure* : le poète y

« hume à longs traits le vin du souvenir[214] »... Mais la Muse est « malade »...

> « Ma pauvre muse, hélas ! qu'as-tu donc ce matin ?
> Tes yeux creux sont peuplés de visions nocturnes,
> Et je vois tour à tour réfléchis sur ton teint
> La folie et l'horreur, froides et taciturnes[215]. »

... En sorte que l'expérience esthétique du poète moderne s'apparente désormais à celle d'un clochard, d'un vieux débauché, d'un pauvre endeuillé ou d'un simple clandestin :

> « Ainsi qu'un débauché pauvre qui baise et mange
> Le sein martyrisé d'une antique catin,
> Nous volons au passage un plaisir clandestin
> Que nous pressons bien fort comme une vieille orange[216]. »

Culte de la *draperie* ? Elle est omniprésente. Dans *Les Fleurs du mal*, Baudelaire chante, d'après le « dessin d'un maître inconnu », les « plis somptueux » d'une martyre chrétienne ; mais tout ce lyrisme se trouve encadré, en aval par l'évocation des « Femmes damnées », en amont par celle – véritablement ontologique – de l'« appareil sanglant de la Destruction » où, désormais, « vêtements souillés » riment avec « blessures ouvertes[217] ». Dans le reliquat du *Spleen de Paris*, un projet pour une « Élégie des chapeaux » – avec son éloge des « surface[s] plissée[s] ou bouillonnée[s] », des « ornements », « rubans » et autres « fanfreluches » – se trouve, lui, encadré par un texte sur la *ruine*, ses « symptômes », sa « maladie secrète », et par une adresse à la *mort*, « la mort comme bourreau. [...] La mort comme ami[218] ».

Culte de la *nymphe* ? Il culmine dans une séquence de trois poèmes – notés XXVII à XXIX dans *Les Fleurs du mal* – où Baudelaire semble dessiner un véritable schéma dialectique du déclin de l'*aura*. Il y a d'abord *Ninfa*, telle qu'une longue tradition nous la fait immédiatement reconnaître : « Avec ses vêtements ondoyants et nacrés, / Même quand elle marche on croirait qu'elle danse[219] ». Puis, la femme se fait « serpent qui danse » (Warburg en eût frémi, lui que les serpents, autant que les nymphes, obsédaient) :

45. Jacques-André Boiffard, *Papier collant et mouches*, photographie illustrant l'article de Georges Bataille, « L'esprit moderne et le jeu des transpositions », *Documents*, 1930, n° 8, p. 488.

éloge du rythme, animalité du corps, évocation du péché originel[220]... Avant que tout cela ne *tombe*, littéralement, dans l'image d'un cadavre, « charogne infâme » rencontrée par hasard « au détour d'un sentier ». Et voilà que, contre toute attente, persiste – ajoutant à l'atrocité – le motif de la draperie. Mais c'est une *draperie d'organes* en train de se décomposer : « ventre plein d'exhalaisons [...] [allant] comme une fleur s'épanouir [...] [en] vivants haillons » :

« Tout cela descendait, montait comme une vague,
Ou s'élançait en pétillant ;
On eût dit que le corps, enflé d'un souffle vague,
Vivait en se multipliant.

« Et ce monde rendait une étrange musique
Comme l'eau courante et le vent,
Ou le grain qu'un vanneur d'un mouvement rythmique
Agite et tourne dans son van.

« Les formes s'effaçaient et n'étaient plus qu'un rêve,
Une ébauche lente à venir,
Sur la toile oubliée, et que l'artiste achève
Seulement par le souvenir[221]. »

Tout est là. Tout, je veux dire : la vie et la mort des formes, la dialectique inéluctable – et inarrêtable – des formes et de l'informe, que Baudelaire suggère si bien dans l'expression « vivants haillons ». *Haillons*, parce que la forme vivante se dilacère, se décompose dans la charogne. *Vivants*, parce que l'informe ne cesse de produire ses propres métamorphoses, ses amas visuels montant et descendant « comme une vague », s'élançant et s'affaissant, vivant « en se multipliant », comme animés de ce labeur paradoxal qu'est la décomposition elle-même, son pénible grouillement, son exubérance, son « mouvement rythmique ». D'un côté, « les formes s'effacent ». D'un autre, elles réapparaissent comme quelque chose à naître, « une ébauche lente à venir » sur la toile de quelque peintre attentif aux maladies du visible. Quelque chose qui jamais ne s'achèvera vraiment, et ne retrouvera figure, peut-être, que dans l'élaboration du fantasme et du « souvenir », comme le répète ici Baudelaire.

Bref, la *forme du vivant*, lorsque mise à mort, accouche de quelque chose qui n'est pas l'informe par simple négation – par simple disparition, par simple privation –, mais l'*informe par survivance*, l'informe doué de cette capacité à proliférer que manifestent si bien les bancs de microbes, les tas grouillants de vers, les essaims de mouches ou les compagnies de fantômes. Or, dans ce processus, la draperie s'avère partout présente : supplément de grâce dans la figuration humaine, elle devient supplément d'horreur dans l'inhumaine charogne. Avec la chute de *Ninfa*, le drapé devient donc l'extension, l'intensité et l'inhérence de la mort même. La peinture de genre, au XIXe siècle, aimait quelquefois renverser *Ninfa* dans le drapé du fait divers : viol et meurtre, comme on peut le voir, notamment, dans un tableau d'Adolphe-Frédéric Lejeune reproduit par

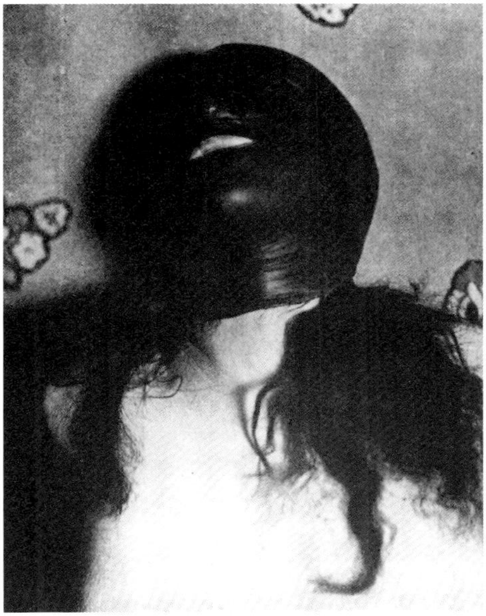

46. Jacques-André Boiffard, *Masque de cuir conçu par W. B. Seabrook*, photographie illustrant l'article de Michel Leiris, « Le *caput mortuum* ou la femme de l'alchimiste », *Documents*, 1930, n° 8, p. 461.

Eduard Fuchs en 1928, parmi l'atlas de sa fameuse *Histoire de l'art érotique*[222] **[fig. 44]**.

La même année, à Paris, les surréalistes dissidents réunis autour de Georges Bataille, de Michel Leiris et de Carl Einstein décidaient de rendre justice à la prolifération des formes par-delà toute clôture disciplinaire (celle de l'histoire de l'art, en premier lieu)[223]. Dans cet erratique montage d'images et de textes, les formes explosent littéralement : tour à tour démenties et déchirées, découpées et transformées, explosives et massifiées, écorchées et écrasées[224]… Comme un atlas *Mnemosyne* où nous pourrions consulter, non pas l'archive des « survivances de l'Antiquité » en tant que signes reconnaissables d'une tradition, mais l'*archive de l'informe* en son « éternel présent » inquiétant : où les ornements barbares voisinent avec le feuilletage cubiste de l'espace ; où les drapés d'ivoires

47. Photographe anonyme, *Betty Compson dans le film parlant «Weary River»*, 1929, photographie illustrant l'article de Georges Bataille, «Malheur», *Documents*, 1929, n° 5, p. 277.

byzantins voisinent avec les nymphes de Corot ; où les textures étouffées de Seghers voisinent avec les textures molles de Dalí ; où les draperies proliférantes du baroque mexicain voisinent avec les draperies réticulées des tables anatomiques d'Amé Bourdon ; où le tissu-piège d'un papier tue-mouche voisine avec le tissu pervers d'un masque sado-masochiste **[fig. 45-46]**...

Dans tout cela, on le sait, l'imagerie populaire – les magazines où s'étalent ensemble les stars et les criminels, c'est-à-dire les figures sociales de la grâce extrême et de l'horreur extrême – occupe une place centrale. Georges Bataille, dans *Documents*, s'est plu à mettre sur la même «table de dissection» les fanfreluches de Cécile Sorel et le bandage monstrueux de Crépin, le meurtrier suicidaire[225]. C'est donc avec son regard – après celui de Baudelaire – qu'il nous faut

48. Photographe anonyme, *Le meurtrier Crépin aux Assises de l'Oise*, 1929, photographie illustrant l'article de Georges Bataille, « Malheur », *Documents*, 1929, n° 5, p. 277.

désormais interroger ce pouvoir souverain du « drapé tombé » à faire l'échange ou la *conversion formelle* d'un *pathos* lié au désir, à la grâce, et d'un *pathos* lié au deuil, voire à l'horreur.

En regardant les deux illustrations publiées côte à côte par Bataille en contrepoint de son article « Malheur » – pièce brève incluse au « Dictionnaire critique » de *Documents*, en 1929 –, on restitue sans peine la série de transformations visuelles et narratives qui les unissent **[fig. 47-48]** : une *pin-up* de quartier, Mme Delarche (ici réinventée sous les traits de l'actrice Betty Compson), a séduit « le nommé Crépin, jadis Don Juan et beau garçon » ; le déshabillé en plumes de cygne va bientôt choir en tas sur le sol, son drapé tombant à ses pieds, la nymphette moderne se retrouvant nue ; un grand baiser pervers – « bouche à bouche » plus « chocolat » – va

49. Photographe anonyme, *La Chambre du crime*, 1929, photographie illustrant l'article de Pierre Mac Orlan, « Photographie. Éléments de fantastique social », *Le Crapouillot*, 1929, n° 1, p. 4.

donc unir le nommé Crépin avec Mme Delarche, « celle qu'il devait tuer un beau jour qu'il vit rouge », parce qu'elle avait un autre amant ; Crépin, raconte Bataille, retournera l'arme dans sa propre bouche ; survivant, la moitié du visage emporté par le coup de fusil, il se tiendra, tel un fantôme, aux Assises de l'Oise, enveloppé dans le blanc bandage de son crime[226] **[fig. 48]**.

La même année, Pierre Mac Orlan publiait dans *Le Crapouillot* une photographie de la police judiciaire : un simple lit défait, draps sens dessus dessous et, sans doute – car l'image en noir et blanc n'est pas d'une lecture si aisée –, du sang partout **[fig. 49]**. On n'en saura pas plus. Mais on imaginera sans mal le meurtre de *Ninfa* par quelque Don Juan des bas-fonds ou par quelque bourgeois pervers.

Mac Orlan justifiait le choix de cette image en reconnaissant dans la photographie, fût-elle anonyme et purement documentaire, un « grand art » doué du « pouvoir incomparable de créer la mort[227] »… Ou plutôt, dirai-je, de la *déplier* : d'en dupliquer l'extension, l'intensité et l'inhérence. Bref, d'en faire quelque chose comme une *draperie de l'informe* :

> « Si je prends, afin d'illustrer ces quelques réflexions sur un sujet qui m'est cher : le fantastique social de notre temps, une photographie anonyme, c'est afin de lui laisser sa valeur émotive sans y joindre l'arrière-pensée d'une anecdote déjà utilisée par la littérature. Voici donc une chambre d'hôtel, un hôtel dont les quatre dimensions pourraient plaire à Francis Carco. Les acteurs de ce drame ne sont plus là. Il ne reste que le sang et toutes les variations qu'il inspire à la pensée depuis le dégoût moral et physique jusqu'à la création détaillée des gestes effroyables dont le résultat permet d'aboutir à cette image simple, à peu près indescriptible, mais lourde de peur, d'odeurs grasses et chaudes et d'inquiétude quand on se donne la peine de la méditer.
>
> « Il ne s'agit pas ici d'une interprétation d'un fait par un artiste, il ne s'agit pas non plus d'une image qui offre l'équivalent de la réalité. Il s'agit simplement de la réalité révélée par la mort provisoire de la force même qui donnait vie à cette scène de carnage. Cette mort, cette immobilité également momentanée révèle et permet d'isoler l'élément inquiétant qui donne à cette image immonde et vulgaire une puissance d'émotion qui agit sur l'imagination, beaucoup plus profondément et beaucoup plus clairement que la vue réelle de la chambre, sans objectif intermédiaire[228]. »

« Image immonde », dit bien Mac Orlan. Mais image soutenue par ce défi à la pensée : « […] la réalité révélée par la mort provisoire »… Doit-on comprendre alors que *la survivance* (cette « mort provisoire ») *fait office de révélateur* (photographique) pour une réalité insoutenable autrement ? Bataille et ses amis, me semble-t-il, n'auraient pas désavoué ce genre de raisonnement. Car leurs *Documents* de l'informe ne sont compréhensibles, « révélables » au sens photographique, qu'avec l'appui d'une *Mnemosyne*, c'est-à-dire d'une anthropologie de la mémoire des formes[229].

Georges Bataille a bien compris que l'*informe* ne pouvait en aucun cas s'hypostasier dans la permanence, dans la fixité d'un concept : son fameux article « Informe » n'utilise d'ailleurs que l'adjectif – c'est-à-dire la marque de l'*accident*, au sens philosophique –, jamais le substantif[230]. Cette condition accidentelle et, dirai-je, *symptomale*, nous oblige à parler, non de « l'informe » en général, mais d'événements singuliers vouant ceci ou cela – une image, par exemple, un corps humain ou un morceau de tissu – à *devenir, pour un temps, informe*. Voilà pourquoi l'informe selon Bataille ne va pas sans une théorie des montages temporels : c'est une pensée qui manie ensemble l'indestructibilité des *survivances* (ce que Freud a nommé l'indestructibilité de la mémoire inconsciente) et la plasticité des *métamorphoses* (ce que Freud a nommé la plasticité des formations de l'inconscient).

Que ces deux processus travaillent de concert – comme deux rythmicités différentes dans une même construction musicale –, c'est ce que montre fort bien l'article collectif consacré par *Documents*, en 1929, aux puissances de la *métamorphose*. Marcel Griaule y parle d'abord du *jeu* dans le contexte de ses enquêtes sur le folklore abyssin : la métamorphose de l'homme en animal sert aussi bien à la « divination populaire » et à la « personnification du maléfice », comme il dit, qu'à l'activité, apparemment plus futile, d'amuser les enfants :

> « Lorsqu'on veut au contraire faire rire les enfants et les femmes, on emprunte la forme d'un oiseau débonnaire aux légendaires mésaventures : la pintade. On [se] couvre pour cela d'une toge les mains jointes sur une baguette, et on lie aux poignets. On obtient ainsi une tête en losange, prolongée d'un long cou, les bras couverts, ainsi que le corps, du reste de l'étoffe. Le joueur se met à quatre pattes, appuyé sur les coudes, la tête rentrée dans les épaules. Il abat et relève ses avant-bras, imprimant ainsi à la tête un mouvement de va-et-vient qui imite à merveille une pintade picorant **[fig. 50]**[231]. »

On le constate déjà à ce niveau : la métamorphose est affaire de *draperie*. Il faut plier et replier l'étoffe pour lui donner son pouvoir

50. Marcel Griaule, *Pintade*, 1929, photographie illustrant l'article de Georges Bataille, Michel Leiris et Marcel Griaule, « Métamorphose », *Documents*, 1929, n° 6, p. 333.

de déguiser, de bouleverser l'aspect, de dissimuler l'humain et de faire apparaître l'animalité. Michel Leiris ira plus loin : le *fantasme* offre à la métamorphose un second degré d'efficience. Ovide et Apulée se trouvent ici convoqués à un festin poétique où ce qui compte avant tout sera de « sortir de soi » et, plus précisément, de « sortir de sa peau ». Voici donc notre draperie la plus immédiate – notre peau – mise en demeure de s'ouvrir, de se déplier, de se chiffonner autrement pour nous faire passer à l'informe et à l'inhumanité. Mais il faudra pour cela l'épreuve – le symptôme – d'un éclat, d'une violence, d'un paroxysme :

> « Les *Métamorphoses* d'Ovide et le roman d'Apulée, *L'Âne d'or ou les Métamorphoses,* compteront toujours parmi ce que l'esprit humain a conçu de plus poétique, en raison de ce qui est leur fondement même, c'est-à-dire la métamorphose.
>
> « Je plains les hommes qui n'ont pas rêvé, au moins une fois dans leur vie, de se changer en l'un quelconque des divers objets qui les entourent : table, chaise, animal, tronc d'arbre, feuille de papier… Ils n'ont aucun désir de sortir de leur peau, et ce contentement paisible, troublé par nulle curiosité, est un signe tangible de cette insupportable suffisance qui est l'apanage le plus clair de la plupart des hommes.
>
> « Rester tranquille dans sa peau, comme le vin dans son outre, est une attitude contraire à toute passion, par conséquent à tout ce qui existe de valable. […] il est certain que rien ne compte en deçà de ce qui est capable de mettre un homme véritablement *hors de soi,* qu'il s'agisse d'ingrédients matériels ou de tout ce qui, dans la vie, est susceptible, d'une manière ou d'une autre, de créer un éclatant et violent paroxysme[232]. »

Il reviendra à Bataille, comme souvent, de conclure cette progression, c'est-à-dire de la pousser aux limites. Après le jeu et le fantasme, entre donc en scène l'*acte* de « folie stridente », l'acte de transgression susceptible de pousser un homme à faire agir l'animal en lui :

> « […] on ne sait quelle folie stridente [surgit] au cours de certains écarts, [et] touche à la métamorphose.

> « On peut définir l'obsession de la *métamorphose* comme un besoin violent, *se confondant d'ailleurs avec chacun de nos besoins animaux*, excitant un homme à se départir tout à coup des gestes et des attitudes exigées par la nature humaine : par exemple un homme au milieu des autres, dans un appartement, se jette à plat ventre et va manger la pâtée du chien. Il y a ainsi, en chaque homme, un animal enfermé dans une prison, comme un forçat, et il y a une porte, et si on entr'ouvre la porte, l'animal se rue dehors comme le forçat trouvant l'issue ; alors, provisoirement, l'homme tombe mort et la bête se conduit comme une bête[233]. »

Dans cette crise décisive, dit Bataille, « l'homme tombe » : comprenons que son humanité elle-même fait office de haillon jeté en tas informe sur le sol. Et ne comprenons pas cela comme une simple métaphore : l'histoire nous apprend, dans sa longue durée, comment des hommes ont pu se trouver métamorphosés en informes draperies de chair par d'autres hommes. C'est ce que raconte Bataille lui-même lorsqu'il décrit, dans un article de 1928, le destin que les sacrifices aztèques faisaient autrefois subir à la figure humaine :

> « [...] le cadavre rejeté dégringolait avec lourdeur jusqu'au bas d'un escalier. Enfin, le soir venu, tous les cadavres étant écorchés, dépecés et cuits, les prêtres venaient les manger[234] ».

Nous voici dons passés de la draperie-déguisement devant laquelle on s'esclaffe à la draperie-linceul et, pire, à la *guenille formée par le corps lui-même* lorsque sacrifié à la violence défigurative de quelque mythe, de quelque guerre ou de quelque rite. On ne s'étonnera pas que, deux pages seulement avant l'« homme-pintade » photographié par Marcel Griaule **[fig. 50]**, ait été placée, dans *Documents*, l'image plus éprouvante d'un animal réel – un bœuf, probablement – réduit à l'informe, c'est-à-dire au haillon, au tas de sa propre peau roulée sur le sol sanglant des abattoirs de La Villette **[fig. 51]**.

Cette image, due à Éli Lotar, illustre, avec deux autres – montrant le travail des équarisseurs vu en plongée, ainsi que vingt-huit pattes

51. Éli Lotar, *Aux abattoirs de La Villette*, 1929, photographie illustrant l'article de Georges Bataille, « Abattoir », *Documents*, 1929, n° 6, p. 330.

d'animaux absurdement posées en rang contre un mur –, l'article de Georges Bataille consacré à l'abattoir, où l'« usine à viande » se voit, dès l'abord, située dans la perspective d'une anthropologie *religieuse* de la ville *industrielle* moderne :

> « L'abattoir relève de la religion en ce sens que des temples des époques reculées (sans parler de nos jours de ceux des hindous) étaient à double usage, servant en même temps aux implorations et aux tueries. Il en résultait sans aucun doute (on peut en juger d'après l'aspect de chaos des abattoirs actuels) une coïncidence bouleversante entre les mystères mythologiques et la grandeur lugubre caractéristique des lieux où le sang coule[235]. »

Le domaine de l'informe est donc bien, aussi, un lieu de survivances. Les images d'Éli Lotar manifestent, d'ailleurs, une *violence d'expression* épique – presque mythique, quoique strictement documentaire – déjà présente dans la scène d'abattage incluse par S. M. Eisenstein dans *La Grève* en 1924. Et cela, alors même qu'elles montrent une *violence de mécanisation* déjà suggérée dans la scène d'abattage prévue par Moholy-Nagy pour *Dynamique de la grande ville*[236]... La dialectique à l'œuvre – présent du *Mechanismus* et *Ausdruck* des survivances – sera plus tard, on le sait, analysée dans toute sa précision par Siegfried Giedion dans son grand livre sur *La Mécanisation au pouvoir*, qui comporte un chapitre entier sur la question des abattoirs[237].

Nous voyons, en tout cas, les artistes de l'avant-garde pratiquer cette topographie « archéologique » et « anthropologique » de la ville moderne dont Benjamin définissait, à la même époque, les enjeux fondamentaux. Comment s'étonner, dès lors, que l'enquête menée par Éli Lotar aux abattoirs de La Villette fasse elle-même partie d'une exploration plus vaste du *tissu* urbain, où voisinent draperies au vent (les draps qui sèchent sur des cordes à linge) et déchets au sol (les reliquats du 14 juillet), vues du trottoir encombré de jambes et « petites femmes de Paris » effeuillées dans les loges du Moulin-Rouge[238] ?

Les images terribles de La Villette n'ont pas seulement hanté les pages de *Documents* en 1929. On retrouve d'autres moments de

52. Éli Lotar, *Aux abattoirs de La Villette*, 1929, photographie aux sels d'argent, épreuve récente. Paris, Centre Pompidou-Musée national d'art moderne.

cette enquête dans deux autres revues illustrées de l'époque, *Variétés* en 1930 et *Vu* en 1931[239]. On y retrouve le motif du pavé et du caniveau rendus luisants par les flaques de sang, ainsi que celui de la peau animale roulée sur elle-même en une écœurante draperie organique **[fig. 52-53]**.

Carlo Rim, dans *Vu*, a commenté ces images en des termes tour à tour techniques (le « carré d'abattage »...) et mythiques (... comme « lieu défendu et quasi sacré »). Il a surtout compris le saisissant *anachronisme* de ce lieu sanglant où les prêtres barbus du « carré aux juifs » lui évoquent d'antiques sacrifices bibliques, voire mithraïques, tandis que l'agonie du bœuf produit un son de « saxophone » évoquant le jazz contemporain[240]. Mais l'abattoir offre surtout l'hallucinante vision d'un monde où la matière, vie et mort confondues, ne cesse de refluer partout : informe, rouge, drapée d'entrailles...

53. Éli Lotar, *Aux abattoirs de La Villette*, 1929, photographie aux sels d'argent, épreuve récente. Paris, Centre Pompidou-Musée national d'art moderne.

« Ici, tout est rouge. [...] [C'est un] immense temple aux innombrables autels depuis longtemps abandonnés des dieux et où l'on sacrifie sans repos, avec des gestes mécaniques et à un rythme d'usine les bêtes masquées auxquelles l'odeur terrible du sang semble donner une étrange résignation. [...] Aux blouses bleues des conducteurs succèdent les tabliers sanglants des tueurs [...] et je sens que j'aurai quelque peine à rester en équilibre sur le pavé gras où s'amoncellent les boyaux comme de vieux pneus à bout de souffle. Des femmes écument lentement une huile jaunâtre à la surface d'une chaudière énorme où bouillonnent des tripes sales et des panses crevées. [...] Chaque homme s'affaire et déshabille son coin de bœuf. Nous sommes loin de la toilette de la mariée. [...] Mais ailleurs le massacre continue. On n'entend que le bruit sourd des coups,

> les jurons des tueurs et l'agaçant murmure du caniveau nauséeux où crachent les bêtes mourantes. [...]
>
> « Le ciel indifférent à ce carnage est couleur de fer-blanc. Le jour se lève sans enthousiasme. Dans le brouillard léger, trois gendarmes mangent des croissants. Un boyaudier passe, traînant derrière lui un interminable ruban d'entrailles[241]. »

Draperies effarantes : elles ne sont plus l'« accessoire en mouvement » pensé comme un supplément de grâce ou l'habillage subtil de la nudité *humaine*. Elles sont l'« accessoire en mouvement » pensé comme supplément d'horreur : une excrétion interne, viscérale, de la nudité *animale* dont Georges Bataille sait bien qu'elle impose empathiquement l'image – la hantise anthropomorphe – de notre propre nudité *ouverte*. Voilà pourquoi c'est juste en face de l'article « Homme » que Bataille, dans *Documents*, se plaît à évoquer l'« effondrement » de la forme chez certains animaux comme le chameau, « quelque chose qui est au point le plus critique de toute vie, là où l'impuissance est la plus pénible[242] ». Voilà pourquoi c'est au centre même de cet article « Homme » que Bataille évoque aussi l'horreur industrielle des abattoirs de Chicago, illustrant son propos par un montage photographique qui met en présence les *formes effondrées* de l'animal captif au zoo et ses *formes écorchées* sur l'établi d'un marchand de fourrures[243].

Ce n'est pas pour rien que l'abattoir des grandes villes modernes – cette tuerie *animale* portée à l'échelle industrielle – a si souvent formé un recours métaphorique aux terribles destructions *humaines* des deux guerres mondiales de notre siècle. Ces destructions furent superlatives, mais – ou pour cela même – leur expression tire le plus souvent toute chose vers le bas : « boucheries », « chair à canon », hommes réduits à un « abattage » de masse... Walter Benjamin écrivait en 1933 de la Grande Guerre qu'elle avait *appauvri l'homme* en expérience communicable :

> « [...] une chose est claire : le cours de l'expérience a chuté, et ce dans une génération qui fit en 1914-1918 l'une des expériences les plus effroyables de l'histoire universelle. Le fait, pourtant, n'est peut-être pas aussi étonnant qu'il y paraît. N'a-t-on pas alors constaté que les gens revenaient muets du

> champ de bataille ? Non pas plus riches, mais plus pauvres en expérience communicable. [...] Cet effroyable déploiement de la technique plongea les hommes dans une pauvreté tout à fait nouvelle. [...] Et c'est donc une nouvelle espèce de barbarie. [...] Pauvres, voilà bien ce que nous sommes devenus. Pièce par pièce, nous avons dispersé l'héritage de l'humanité, nous avons dû laisser ce trésor au mont de piété, souvent pour un centième de sa valeur, en échange de la piécette de l'"actuel". À la porte se tient la crise économique, derrière elle une ombre, la guerre qui s'apprête[244] ».

Telle serait, sans doute, la face la plus noire du déclin de l'aura : rendus incapables de penser la tuerie de masse comme une forme d'expérience, les hommes de 1933 se retrouvent, hébétés, aux portes d'un abattoir encore plus perfectionné que le précédent, avec ses insoutenables chutes de draperies que le monde découvrira douze ans plus tard[245] **[fig. 54]**. De cette « nouvelle espèce de barbarie » – dont Hannah Arendt, après la guerre, aura tenté une analyse aussi précise que possible –, Benjamin insiste pour dire que « nous avons dispersé l'héritage de l'humanité », bref, que nous avons échangé la *mémoire* pour la « piécette de l'*actuel* ». À quoi servirait, dans cette domination sociale de l'« actuel », l'*avant-garde* artistique, sinon à faire lever des *survivances* capables de nous ouvrir à l'écume, au *haillon* d'une expérience et d'une mémoire ?

> « [Des artistes] ont pris à tâche d'explorer des possibilités radicalement nouvelles, fondées sur le discernement et le renoncement. Dans leurs bâtiments, leurs tableaux et leurs récits, l'humanité s'apprête à survivre (*überleben*), s'il le faut, à la civilisation[246]. »

Une tâche pour l'artiste semble ici se dessiner : faire survivre, anachroniquement, des images mnémoniques à l'actualité immédiate du réel historique. Faire de la *pauvreté* autre chose qu'une absence d'expérience. Retrouver la posture du mendiant ou du chiffonnier : se nourrir de peu, créer du savoir en collectionnant les détritus, créer des mondes esthétiques en bricolant les rebuts. Alors, le déclin de l'aura garde une chance de montrer sa face lumineuse :

c'est lorsque la « beauté mystérieuse que la vie met involontairement » dans le moindre haillon des rues sera « extraite », comme l'écrit Baudelaire, c'est-à-dire anthropologiquement *exprimée.* Mais, pour ce travail de mémoire – qui n'est en rien une restauration, une restitution du passé –, il faut sans relâche « explorer des possibilités radicalement nouvelles », c'est-à-dire inventer des *formes.* Les photographies de Moholy-Nagy, de Germaine Krull ou d'Éli Lotar ne furent-elles pas, en leur temps, à la hauteur d'une telle tâche ?

Faire œuvre – voire faire des chefs-d'œuvre, « historiques » comme il se doit – avec les détritus mêmes de l'histoire : telle serait donc une tâche, essentiellement *anachronique*, assignée à l'artiste moderne. L'antique drapé des Grecs est tombé en tas dans le caniveau des grandes villes, mais des photographes ont amoureusement *recueilli sa chute* sans même l'enjoliver, sans même la « composer » (comme on arrange les plis d'une robe, sur un mannequin de mode, avant de la photographier), mais en épousant le mouvement de son exubérance formelle.

On s'aperçoit qu'un fil rouge relie subtilement l'esthétique hugolienne des *misérables*, l'esthétique baudelairienne de la *pauvreté* et l'esthétique benjaminienne du *déclin de l'aura.* On pourrait même dire que ce fil se prolonge dans l'esthétique bataillienne des *formes misérables*, telle qu'un texte inédit du « Collège de sociologie » en donnait les principaux caractères – subversion, menace, abjection, échange empathique de l'humain et de la chose :

> « […] le *bas* devient subversivement le *haut* et le *haut* devient le *bas* ; la subversion exige donc l'abolition des règles qui fondent [les hiérarchies de] l'oppression. […] L'élément de base de la subversion […] est représenté du dehors avec dégoût comme la lie du peuple, populace et *ruisseau.* […] Le mot *misérable*, après avoir voulu dire *qui porte à la pitié*, est devenu synonyme d'abject : il a cessé de solliciter hypocritement la pitié pour exiger cyniquement l'aversion. […] Dans l'expression collective, *les misérables*, la conscience du malheur se détourne déjà de sa direction purement négative et commence à se poser comme une menace. […] Ainsi l'abjection humaine résulte de l'incapacité matérielle d'éviter le contact des *choses* abjectes : elle n'est que

54. Photographe anonyme russe, *Entrepôt de vêtements à Auschwitz-Birkenau*, 1945. Auschwitz, musée d'État d'Auschwitz-Birkenau.

l'abjection des *choses* communiquée aux hommes qu'elles touchent[247] ».

Au moins depuis Baudelaire, donc, l'artiste moderne *joue avec la misère* ambiante. On peut tirer ce constat du côté d'un « exercice de cruauté », comme le fera Bataille en 1949[248]. On peut insister sur les processus de régression psychique et sur l'« angoisse aux yeux » mis en œuvre dans le « mouvement de l'informe », comme l'a récemment commenté Pierre Fédida[249]. On peut aussi en tirer un éloge du rire, comme Benjamin le faisait en conclusion de son texte sur la pauvreté[250], ou, déjà, lorsqu'il écrivait à Herbert Belmore, dès 1916 :

> « Le langage ne peut être critique qu'en se faisant humour. Là, la magie proprement critique apparaît en ceci que toute contrefaçon vient au contact de la lumière et s'effondre. L'authentique demeure : c'est de la cendre, on en rit[251]. »

C'est de l'informe, et on en rit. On arpente les rues, on s'arrête ici et là, on ramasse une guenille, on la met dans sa poche, malice au coin des lèvres, pour quelque jeu futur d'artiste-chiffonnier : pour quelque inattendue levée de formes nouvelles riches en survivances. Voilà exactement – à titre d'ultime exemple – ce qu'aura aimé faire, me semble-t-il, Brassaï dans toute l'ampleur de son œuvre parisienne, et spécialement dans les années trente. D'abord, Brassaï a souvent couché *Ninfa* sur de beaux drapés et l'a photographiée nue, quelquefois emportée par le désir jusqu'au « phénomène de l'extase[252] ».

Ensuite, il a collectionné les avatars modernes de *Ninfa*, sa chute dans la misère, le spectacle ou la prostitution : starlettes déshabillées dans leurs draperies mêmes aux Folies-Bergère ; corset noir des lingeries dernier cri ; strip-teaseuses de foire à l'enseigne de « Sa Majesté la Femme » sur les stands des Grands Boulevards (où des drapés s'envolent pour retomber au sol, probablement sous les cris de joie du public) ; prostituées goguenardes, complices du photographe jusque dans le baiser professionnel et la toilette intime ; « Muse malade » baudelairienne sous les traits de la « Môme Bijou » sirotant son absinthe ; mannequins de vitrine exhibant leurs dessous[253].

Rien de tout cela n'est séparable d'une *archéologie* de la rue, où le pavé – trottoirs, caniveaux – semble s'animer sous la lumière des réverbères, sous l'éventrement des chantiers, sous l'activité des Halles, le pas des chiffonniers, l'écroulement des clochards dans l'ivresse, le sommeil et même la mort[254]. Rien de tout cela n'est séparable non plus d'une *morphologie* de la rue, là même où semblent niées son architecture, sa vocation aux monuments : vitres brisées de manufactures à l'abandon, détails saisissants de l'ornementation Modern Style aux bouches du métro parisien, telles que Salvador Dalí, dans *Minotaure*, voulut les commenter en termes de « sculpture hystérique » – c'est-à-dire inconsciente, mouvementée, mémorative, voire extatique – ou de « viande faisandée qui approche[255] »...

Dans le même numéro de *Minotaure*, en 1933, Brassaï publiait ses premières photos de graffiti volées à l'anonymat des murs parisiens. Il ne serait pas exagéré, je pense, de dire que le graffiti est à la verticalité du mur ce que la « serpillière » est à l'horizontalité des trottoirs : une « forme misérable » et pourrissante, certes, mais à ce titre même un vivier de *formes* – ou, plutôt, de *formations* au sens géologique, biologique, morphologique, voire psychanalytique du terme – qui font lever devant nous la question d'un *temps* à l'œuvre. Un temps anachronique qui n'est certes pas le temps de l'actualité historique ou de l'actualité artistique : c'est le temps « inactuel » des survivances. Non par hasard, donc, Brassaï présentait ses images par un double recours à la morphologie goethéenne – pour Faust, rappelait-il, « tout est en formation, transformation, déformation » – comme à l'« éternel présent » des images « primitives » considérées sous un regard anthropologique :

> « Des analogies vivantes établissent des rapprochements vertigineux à travers les âges par simple élimination du facteur temps. À la lumière de l'ethnographie, l'antiquité devient prime jeunesse, l'âge de la pierre un état d'esprit, et c'est la compréhension de l'enfance qui apporte aux éclats du silex l'éclat de la vie.
>
> « Les graffiti suivants ont été recueillis à Paris même au hasard de quelques promenades. En 1933, et à deux pas de l'Opéra, des signes semblables à ceux des grottes de la Dordogne, de la vallée du Nil ou de l'Euphrate, surgissent sur les murs. La

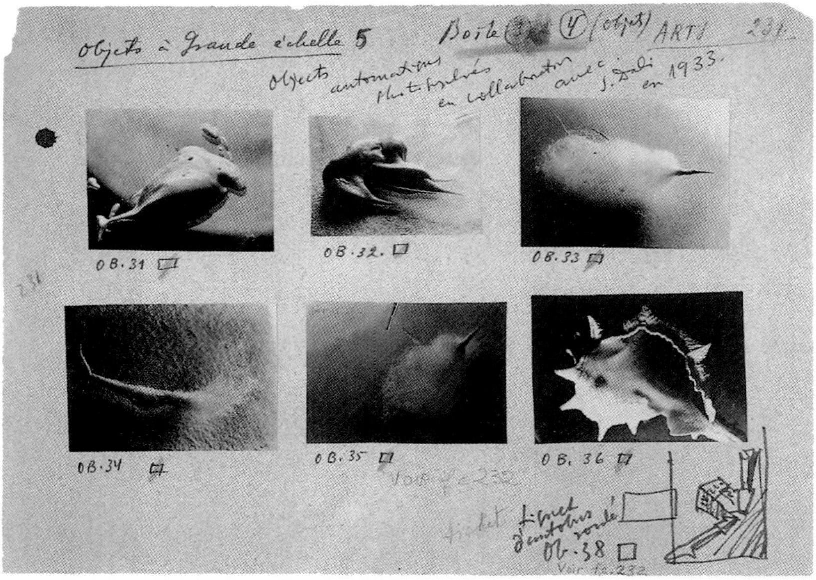

55-56. Brassaï, *Sculptures involontaires*, 1932, épreuves-contacts aux sels d'argent contrecollées sur carton. Paris, Archives Brassaï.

même angoisse qui a labouré d'un monde chaotique de gravures les parois des cavernes, trace aujourd'hui des dessins autour du mot "Défense", le premier que l'enfant déchiffre sur les murs. [...] Comme les instruments sont rudimentaires! Qu'importe! Il ne s'agit plus de jouer mais de maîtriser la frénésie de l'inconscient. Ces signes succincts ne sont rien moins que l'origine de l'écriture, ces animaux, ces monstres, ces démons, ces héros, ces dieux phalliques, rien moins que les éléments de la mythologie. S'élever à la poésie ou s'engouffrer dans la trivialité n'a plus de sens en cette région où les lois de la gravitation ne sont plus en vigueur. Étrange région des "mères", chère à Faust, où tout est en formation, en transformation, en déformation[256]... »

Or, dans les mêmes pages, se trouve aussi un ensemble d'images extraordinaires légendées, en collaboration avec Salvador Dalí,

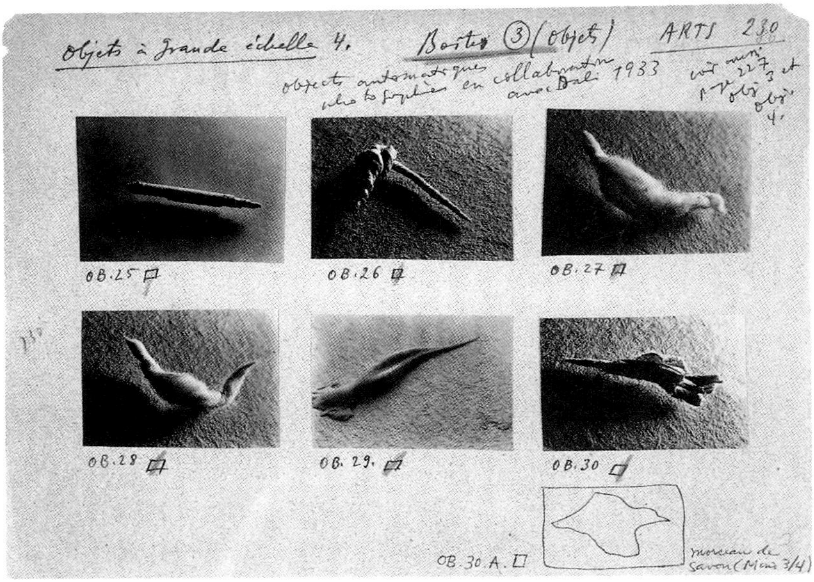

sous le titre générique *Sculptures involontaires*[257]. Les planches de travail des Archives Brassaï – épreuves-contacts contrecollées sur carton – nous montrent parfaitement comment un artiste moderne se constitue une *archive de formes misérables* pour en extraire « la beauté mystérieuse que la vie humaine y met involontairement » **[fig. 55-56]**. Près de l'*Élevage de poussière* – cette draperie de saleté diaphane pensée par Duchamp et Man Ray, dès 1920, comme un moulage du temps[258] –, c'est ici de la saleté opaque ou filandreuse que Dalí et Brassaï auront « élevée » pour la donner à voir en un petit atlas des *draperies du temps*[259].

Là où le graffiti constituait une écriture tactile directement « surgie des murs », les minuscules « sculptures » photographiées par Brassaï constituent un répertoire de formes directement surgies de *contacts involontaires* ou, mieux, « automatiques » : c'est la forme que prend la pâte dentrifrice lorsqu'on l'extrait par pression de son tube selon un « hasard morphologique » producteur, écrit Dalí, de « stéréotypie fine et ornementale[260] » ; c'est la forme d'un quignon de pain, rencontre d'un hasard de cuisson (dans le four du boulanger) et d'un hasard d'érosion (sous les dents du grignoteur) ; c'est l'« enroulement élémentaire » obtenu lorsqu'on fait distraitement aller et venir, entre pouce et index, un simple bout de papier ; c'est l'effilochage spontané d'un morceau de coton hydrophile trituré en vue de quelque toilette auriculaire ; c'est le morceau de savon dont la forme s'épanouit comme une résultante sculpturale d'innombrables frottages quotidiens[261]. C'est, enfin, le billet d'autobus oublié, trituré, déchiré, roulé sur lui-même, et que l'artiste dit avoir « trouvé dans [et extrait de] la poche de veston d'un bureaucrate moyen[262] » **[fig. 57]**.

À travers ces « formes misérables » – mais, on le constate, admirables –, l'« accessoire en mouvement » cher à Warburg connaît son destin extrême, sa *presque-fin*, aurai-je envie de dire (mais on aura compris que les formes de la survivance n'ont jamais de « fin », qu'elles iront toujours se nicher ailleurs). D'un côté, la draperie se voit conduite jusqu'à sa plus grande non-valeur, sa plus grande *résidualité* : un très vulgaire billet d'autobus roulé sur lui-même au

57. Brassaï, *Billet d'autobus roulé*, 1932. Épreuve aux sels d'argent. Paris, Archives Brassaï.

fond d'une poche de veston. D'un autre côté, la draperie se voit portée à sa plus profonde valeur d'*intimité* : l'artiste moderne ne fait plus le portrait du bourgeois (comme l'étudia Warburg dans le cas de Ghirlandaio), il lui fait les poches, là où se nichent encore les rebuts de l'observation, l'envers des visages, les poubelles secrètes d'un veston bien coupé. Au-delà, il porte témoignage des gestes les plus insus, des contacts les plus tenaces, des mouvements organiques les plus secrets.

Non seulement les *Sculptures involontaires* de Brassaï parviennent à « extraire », dans de simples bouts de papier, « la beauté mystérieuse que la vie humaine y met involontairement ». Mais encore elles relèvent d'une même attention aux formes aléatoires que celle mise en œuvre, dans les mêmes années, par Picasso lorsqu'il confectionna quelques draperies – de purs chefs-d'œuvre – en froissant une simple feuille de papier, en la moulant en plâtre puis en la faisant photographier, par Brassaï justement **[fig. 58]** :

> « *Vendredi 5 mai 1944*. Ce matin nous partons – enfin ! – avec Picasso [...] à l'atelier annexe. [...] Il ouvre les caisses... J'ai hâte de voir toutes ces œuvres de moi inconnues. Faute de bronze, elles sont encore toutes en plâtre : oiseaux, colombes, personnages, beaucoup de visages en bas relief parfois modelé en négatif. D'autres sont de curieuses empreintes. J'imagine Pïcasso s'amusant – mais avec la gravité que les enfants et les dieux mettent dans leur jeu – à imprimer dans le plâtre frais toutes sortes de formes, de structures, de matières. Il prend le couvercle d'une boîte, une orange, l'écorce d'un arbre. Et pourquoi pas une feuille vivante ou morte ? C'est en 1934 à Boisgeloup que remontent les premières de ces expériences... Je le vois essayant un moule à pâtisserie et ces petits moules à sable qui font le joie des gosses sur la plage, surpris de voir que le moulage d'un simple carton plié et replié peut donner quelque chose d'aussi monumental que la grande muraille de Chine, que l'empreinte d'un simple papier de journal froissé, chiffonné, trituré, peut prendre l'aspect d'une montagne rocheuse... [...]
>
> « Je suis frappé par la nouveauté de ces expériences plastiques. Picasso n'a fait ici que ménager des rencontres aux matières et structures familières, leur assigner de nouveaux sens et de

58. Brassaï, *Empreinte de papier froissé*, 1944 (œuvre en plâtre de Pablo Picasso, 1934), épreuve gélatino-argentique, feuille-contact. Paris, musée Picasso.

> nouvelles destinations. La main de l'artiste – le pouce du sculpteur – modelant la glaise et y laissant son empreinte en est totalement absent. Sans intervenir directement, il a laissé ses figures se modeler elles-mêmes, renonçant à sa propre main [...][263]. »

À notre tour d'être surpris de la surprise manifestée par Brassaï devant ces objets : n'avait-il pas lui-même, un an avant Picasso, saisi les formes de ses *Sculptures involontaires* « sans intervenir directement », sinon par le choix, le prélèvement, l'« extraction » comme eût dit Baudelaire ? N'avait-il pas, entre 1930 et 1933, réalisé d'admirables images de ces « sculptures involontaires » que sont les coraux, les tubercules, les madrépores[264] ? N'avait-il pas été saisi de cette même passion morphologique – typiquement goethéenne –

59. Robert Morris, *Untitled (Tangle)*, 1967, feutre découpé en 264 morceaux, dimensions variables. Ottawa, National Gallery of Canada. Photo du musée.

consistant à vouloir saisir le *drapé de toute chose atteinte par le temps* ?

Un élément commun à toutes ces tentatives, depuis la « draperie du trottoir » de Moholy-Nagy jusqu'aux *Sculptures involontaires* de Brassaï et aux moulages de papier froissé par Picasso, réside dans la mise en évidence de cette possibilité qu'énonce Gilles Deleuze à propos du baroque – mais nous pourrions remonter bien plus haut dans le temps, au moins jusqu'à la sculpture hellénistique – lorsqu'il suggère que l'informe « n'est pas la négation de la forme [mais plutôt qu'] il pose la forme comme pliée[265] ». Ne pourrait-on pas dire que toute forme inventée se manifeste comme le pli – jusqu'au froissement, jusqu'à l'informe et la dilacération – d'une forme précédente ? C'est une opération de drapé dans tous les cas.

Interface de l'acte et de la puissance, de l'organique et de l'inorganique[266], battement incessant du centre et de la bordure, du principal et de l'accessoire, du vivant et du décomposé, la draperie sait aussi plier l'Autrefois dans – ou selon – le Maintenant. Ce très vieux problème de l'histoire des formes, omniprésent dans l'art grec, n'a donc jamais été rendu obsolète par quelque modernité que ce soit, bien au contraire (qu'est-ce qui, dans cette histoire, sera d'ailleurs jamais rendu obsolète ?). La force mystérieuse qui replie le *pathos* des draperies antiques découvertes par Warburg enfant sur les frises du *Pergamon* avec le voile de la *Judith* obtenu par Donatello à travers une opération d'empreinte, la force temporelle qui relie ce voile florentin avec les froissements de Picasso, les guenilles de Moholy-Nagy ou, plus tard, les pliages de Hantaï et les « chutes » en feutre de Robert Morris[267] **[fig. 59]**, cette force n'est autre que celle du *Nachleben*, la survivance : l'actualité du primitif[268], la protension de la mémoire, l'éternel présent des métamorphoses. Tel est le travail – extension, intensité, inhérence –, telle est la richesse morphologique et signifiante auxquels un simple drapé, fût-il « tombé », sait ouvrir nos yeux.

Coda : la Muse du chiffonnier (histoire et imagination)

Pour ouvrir les yeux, il faut savoir les fermer. L'œil toujours ouvert, toujours en éveil – fantasme d'Argus –, devient sec. Un œil sec verrait peut-être tout, tout le temps. Mais il regarderait mal. Pour bien regarder il nous faut – paradoxe d'expérience – toutes nos larmes.

Ainsi en est-il de la pratique historienne elle-même : c'est une pratique à double régime. Il faut ouvrir les yeux pour se rendre attentif, pour respecter l'objet de notre questionnement historique. Mais il faut aussi savoir fermer les yeux pour mieux le regarder, l'interpréter, comprendre en quoi il nous regarde. Il faut accepter que battent nos paupières. À ce moment reviennent les larmes, tandis que le visible se dérobe derrière la fine draperie de nos paupières. Pour bien regarder – y compris, et même surtout, un *objet de temps* –, il faut savoir ouvrir mais, aussi, fermer les yeux.

Ouvrir les yeux ? C'est un acte d'éveil aux choses. On découvre, on s'approche, on observe. Mais c'est une tâche infinie : il semble qu'il y ait toujours, juste derrière ou juste à côté de la chose vue, quelque chose d'autre à observer qui nous la ferait mieux comprendre. On ne peut pas regarder quelque chose sans voir ce qu'il y a autour. Aussi, quand un historien de l'art ouvre les yeux sur une nouvelle image, il cherche avant tout, légitimement, à *situer* et à *vérifier* ce qu'il voit : c'est-à-dire à mettre au jour une « vérité » de son objet, fatalement plus large que l'objet lui-même qui se vérifiera d'y prend place. Tous ce que nous voyons – nous, historiens –, nous tentons de le « vérifier » dans le sens où Cicéron, autrefois, proposa de traduire par *veriloquium* le grec *etymologia*[269].

Comprenons alors que l'historien de l'art veut être l'étymologiste, le philologue de ses objets – de ses images – d'étude. Il arpente donc les bibliothèques, les catalogues, les inventaires, les dictionnaires. Il plonge dans les archives, il fait surgir les « sources ». Il tente, par tous les moyens, de remonter le fil des influences, des transmissions, des parentés. Être historien, c'est toujours resituer l'objet du passé dans un contexte, c'est-à-dire dans un ensemble de fils (au sens textile) et de filiations (au sens généalogique) : il s'agit donc, avant toute chose, de restituer ce que la langue anglaise nomme des *links*, les « liens » de la causalité historique.

Cette tâche nécessaire – tâche de philologue – trouve sa limite à partir du moment où l'on découvre qu'à certains endroits les fils sont coupés net, ou bien effilochés, décomposés, brûlés ; ou bien perdus dans l'épaisseur d'une géologie inaccessible, donc inobservable. Plus encore que l'histoire du vivant, l'histoire culturelle se heurte à un nombre considérable de ces lacunes dans la transmission, que les biologistes de l'évolution ont si bien appelé des *missing links*[270]. L'œuvre de Darwin occupa une place de référence dans les découvertes de Warburg et de Freud, non pour son supposé modèle de téléologie, mais avant tout parce que l'évolution avait été, pour la première fois, interrogée selon l'enchevêtrement de ses rythmes temporels et selon l'importance cruciale des « liens inobservables » entre différents moments d'une même histoire.

Cette limite est constitutive de notre domaine d'étude, les images : se rend-on compte, lorsqu'on visite un musée, si riche soit-il, à quel point les œuvres subsistantes ne forment qu'une partie dérisoire des œuvres créées dans l'histoire ? Se rend-on compte à quel point les œuvres que nous admirons sur les cimaises sont coupées des liens qui les rendaient autrefois « vivantes », socialement et poétiquement nécessaires ? Se rend-on compte à quel point l'usure du temps ou la destruction volontaire des images ne nous donnent à voir que des vestiges incomplets, des haillons de temps, des fragments de mondes[271] ?

Il faut surtout se rendre compte que l'histoire fabrique elle-même ses propres blancs, ses propres lacunes, ses propres censures. Là où Vasari croyait composer l'album-souvenir de la famille artistique (toscane) au complet, là où Winckelmann a senti combien il était cependant difficile de se souvenir intégralement du passé (grec), Aby

Warburg, lui, a compris une fois pour toutes que l'histoire des images, au passé comme au présent, vit au rythme des refoulements et des retours du refoulé. Ce qui mène la danse, souterrainement, souverainement, n'est autre qu'un *inconscient du temps*. Façon de nommer cette épaisseur géologique – magmas en mouvement, tectonique des plaques, lentes sédimentations, séismes ou éruptions volcaniques – qui effiloche les généalogies, enterre les filiations, bref, voue notre discipline au pouvoir de l'*invérifiable*.

Il est souvent possible, par une enquête minutieuse, de savoir ce qui est en jeu dans une *renaissance* revendiquée comme telle par des artistes toscans inlassables à copier les motifs de tel ou tel célèbre monument romain[272]. Mais il est beaucoup plus hasardeux de comprendre ce qui est en jeu dans une *survivance* que personne ne revendique, et où la *détermination* historique – le jeu vérifiable des sources, des emprunts, des remplois explicites – fait place au domaine, invérifiable en sa totalité, des *surdéterminations*, des transmissions détournées, des influences souterraines, des longues durées inconscientes.

Que faire, à présent, devant ce «principe d'incertitude»? N'avancer qu'en terrain vérifiable, n'énoncer que ce qui a été établi par une source «incontestable», comme si les sources elles-mêmes n'étaient pas susceptibles de modifications historiques, si ce n'est de falsifications : les «précautions» du positiviste s'avèrent, en ce domaine, particulièrement désastreuses. Il s'agit peut-être d'une forme de modestie «scientifique», mais il s'agit aussi d'une forme de lâcheté heuristique. Elles aboutissent à ne donner, pour toutes *réponses*, que des évidences, et à n'enfoncer que des portes ouvertes. Elles perdent, en somme, la chair même du questionnement historique.

Car c'est bien de *question* qu'il faut ici parler. Devant l'invérifiable, le philologue doit se faire – en dépit, mais aussi en raison de son respect pour l'objet – philosophe : il doit entreprendre de poser des questions, de problématiser l'inconnu, d'avancer des hypothèses que guidera, fatalement, ce qu'on appelle un point de vue théorique. Le grand historien viennois Julius von Schlosser ne disait pas autre chose, lui que dominait pourtant, dans le musée où il travaillait, la plus entière modestie vis-à-vis de ses objets d'érudition : quand la «vallée philologique» (vertes prairies du savoir, nourriture à profusion, ras des pâquerettes) ne nous est pas accessible, nous sommes requis de faire l'escalade de la «montagne philosophique» et de regarder le paysage de loin, accrochés – dangereusement – à l'escarpement rocheux[273]. Comment oublier, d'autre part, que chaque moment d'érudition, chez Warburg, fut doublé d'un questionnement philosophique aussi discret (il se remarque à peine à la première lecture des articles publiés) qu'obstiné (il occupe des milliers de pages encore inédites dans l'Archive du Warburg Institute, à Londres[274]) ?

Lancer des hypothèses n'est pas, comme croit le positiviste, un exercice fumeux, trop «élevé» pour être précis, trop général pour n'être pas une «surinterprétation». L'hypothèse – que guide, je le répète, une *problématique* –, sert à constituer un point de vue lorsque manque la vue directe. Les sources de l'objet ont disparu ? Cherchons les sources qui donneraient à comprendre la logique de leur disparition. L'objet lui-même a disparu ? Cherchons les sources de sa survivance en acceptant de nous déplacer dans d'autres sphères de la culture : c'est toujours *ailleurs*, en effet – selon une généalogie détournée, composite – qu'une survivance se trouve documentée.

C'est ainsi que Schlosser aura pu dire quelque chose des portraits en cire florentins – ces fameux *bòti* dont aucun exemple ne nous est parvenu, puisqu'ils furent détruits en masse au XVIIe et au XVIIIe siècle – en portant son regard sur les exemples de leurs survivances, y compris dans le kitsch des tardifs musées populaires où l'on exhibait les mannequins de cire sur les Grands Boulevards parisiens de l'époque révolutionnaire... Encore fallait-il que Schlosser eût à sa disposition le cadre théorique de ce déplacement même : je veux dire la problématique du *Nachleben*[275]. L'exemple, là encore, venait d'Aby Warburg : c'est bien par le jeu d'une hypothèse – sur la fonction anthropologique des images au Quattrocento – que l'historien de l'art avait décidé de fouiller les *ricordanze* florentines, les témoignages de dons votifs, pour rendre compte de quelque chose que personne, avant lui, n'avait pu déceler dans les portraits peints de cette époque[276].

L'inobservable ne dit pas seulement la limite, voire la misère de notre recherche historienne condamnée aux lacunes. Il en dit aussi la valeur heuristique. Tant qu'on peut le faire, certes, il faut ouvrir grand les yeux et s'approcher toujours plus du détail de notre objet d'étude. Mais ouvrir les yeux ne suffit pas toujours : ce n'est pas en utilisant sa fameuse loupe – *magnifying glass*, comme dit si bien la langue anglaise – que l'historien-détective résoudra tous les problèmes. Souvenons-nous que Dupin, le héros d'Edgar Poe, réussit là où Sherlock Holmes échouerait probablement. Et souvenons-nous comment il s'y prend : il chausse des lunettes noires[277]. Il camoufle son regard, quitte à tout voir en grisaille dans le filtre brumeux du verre teinté. Ce qu'il perd en contraste, en netteté du détail, il le gagne en saisie globale des configurations et des « atmosphères ». Il ferme presque les yeux pour mieux savoir où aller chercher. Il accepte de laisser « flotter » son regard, et même de suspendre sa capacité de voir pour imaginer quoi devoir regarder.

Quand l'objet se dérobe à l'observation historique, quand ses vestiges se dérobent même à l'observation archéologique, il ne nous reste qu'à poser des questions, à lancer des hypothèses, à nous orienter dans une pensée capable, au moins, de nommer cette inaccessibilité, cette épaisseur de temps, ce brouillage de généalogies. Si l'objet de toutes ces interrogations – historiques, archéologiques ou anthropologiques – est un monde d'*images*, alors nous devons accepter que la construction d'une hypothèse, en ce domaine plus qu'en tout autre, relève bien d'une *imagination* au travail.

Romantisme ? Oui, à condition de comprendre que toute notre pensée moderne – formalisme, structuralisme y compris – vient de là. À condition de comprendre ceci, que Baudelaire, une fois encore, énonça mieux que quiconque :

> « L'Imagination n'est pas la fantaisie ; elle n'est pas non plus la sensibilité, bien qu'il soit difficile de concevoir un homme imaginatif qui ne serait pas sensible. L'Imagination est une faculté quasi divine qui perçoit tout d'abord, en dehors des méthodes philosophiques, les rapports intimes et secrets des choses, les correspondances et les analogies. Les honneurs et les fonctions qu'il confère à cette faculté lui donnent une valeur telle [...] qu'un savant sans imagination n'apparaît plus que comme un faux savant, ou tout au moins comme un savant incomplet[278]. »

Ces phrases ont beau nous parler d'Edgar Poe et de sa *poétique* de l'imagination – « Toute certitude est dans les rêves », s'était plu à citer

Baudelaire[279] –, elles nous permettent de mieux comprendre Aby Warburg dans son projet fondamental, sa *science sans nom* des images[280]. Par voie de conséquence, elles nous éclairent sur le statut heuristique de *Ninfa*, cette paradoxale héroïne du *Nachleben* warburgien.

Résumons ce mouvement : en 1893, un jeune historien de l'art pose son regard sur *La Naissance de Vénus* et *Le Printemps* de Botticelli[281]. Il est fasciné par le mouvement des chevelures et des draperies des personnages – surtout féminins –, découvre leur haute fonction iconographique, poétique et « pathétique ». Il déploie donc tout un « fatras d'érudition », comme il dit lui-même[282], pour mettre au jour les sources littéraires de ces motifs et, au-delà, les sources visuelles – antiques – auxquelles ces motifs se rattachent.

Alors, il découvre *Ninfa* : une fantastique nébuleuse. Les généalogies se recroisent partout, s'interrompent et réapparaissent là où l'on s'y attend le moins. L'enquête historique, pour laquelle il avait tant ouvert les yeux, débouche sur une complexité d'un ordre nouveau : un point ne mène plus à un autre selon un ordre de causalité historique standard. Chaque route bifurque et, même, disparaît sous terre pour resurgir ailleurs. Warburg comprend qu'il ne faut plus parler en termes iconographiques – Judith d'un côté, Salomé de l'autre, comme Panofsky voudra en décider plus tard une fois pour toutes[283] –, mais qu'il faut saisir cette configuration dans sa mouvante globalité, dans sa relative indétermination (je veux dire : dans l'inaccessibilité de sa surdétermination). Il la nomme *Ninfa* et tente, avec André Jolles, d'en faire une description mi-scientifique, mi-littéraire[284]. Il échoue – croit-il – devant la complexité en jeu, et renonce à publier son texte.

Trente ans plus tard – trente ans de recherches érudites, ayant lu des milliers de livres, ayant contemplé des milliers d'images, ayant aussi traversé l'enfer de la psychose –, Warburg ferme les yeux : il *laisse revenir* à lui, en paquets associatifs et fantomatiques, les images. Il *laisse remonter* les « rapports intimes et secrets », les « correspondances » et les « analogies ». Bref, il *imagine*, c'est-à-dire, plus précisément, qu'il *monte les images* les unes avec les autres : des configurations apparaissent, selon une logique qui, d'abord, nous échappera. Images regroupées en dehors de toute détermination historique directe, mais aussi « en dehors des méthodes philosophiques » habituelles, pour continuer de citer les mots de Baudelaire.

Cela s'appelle *Mnemosyne* : un chantier d'images montées – épinglées – les unes à côté des autres sur de grands panneaux noirs[285]. Warburg disposait les planches dans l'espace de sa bibliothèque, et c'est en courant de l'une à l'autre, ses paperolles à la main, qu'il comptait transmettre à ses quelques disciples le genre de savoir qu'il avait mis en chantier. La double projection de diapositives, si nécessaire à Wölfflin pour exposer ses *polarités* formelles, ne suffisait plus à Warburg pour exposer les *rhizomes* de la survivance. À la même époque, Abel Gance pensait qu'un seul écran ne suffisait déjà plus à la projection – à l'exposition – cinématographique[286].

Ninfa, je l'ait dit, hante littéralement l'atlas warburgien, ce petit théâtre de mémoire du *Nachleben der Antike*. Dans l'une des dernières planches **[fig. 60]** apparaît, notamment, cette *Ninfa moderna* dont je viens de proposer une autre version, une autre extension possible. Un arc de temps considérable sépare déjà la reproduction de monnaies antiques (400 av. J.-C.) et celle d'un sceau royal anglais (datant de 1662), en bas de la planche, lui-même séparé par tout un monde historique du monument à Hindenburg reproduit en haut, à l'extrême droite. *Ninfa* traverse tout cela comme un fantôme ou un vent de temps survivant.

Mais Warburg s'est probablement aussi demandé jusqu'où – dans quelles régions de la culture moderne – son héroïne était capable de se cacher ou de choir. Voici donc *Ninfa* malade et baudelairienne, *Ninfa* pestiférée et mise à mort par Delacroix dans *Les Massacres de Scio* (1824), tableau que l'on sait inspiré d'un fait politique contemporain. Voici *Ninfa* sous les traits d'une femme gisante, un cadavre au drapé béant que son enfant cherche encore à téter[287]. Mais le « peintre de la vie moderne » n'a pas oublié la généalogie tragique – donc grecque – de son inspiration : et Warburg de placer, tout en haut de sa planche, à gauche, la reproduction de *Médée* peinte par Delacroix[288].

Enfin, Warburg nous donne à comprendre qu'en cette année 1929, il n'était pas moins sensible à la *cruauté des temps* que ses jeunes contemporains de la revue *Documents* (qu'il ignorait, sans doute, mais eux ne l'ignorèrent pas tout à fait[289]). Juste à côté de la tragique *Médée*, Warburg aura donc voulu placer deux photographies de la presse sportive où l'on voit un golfeur et une golfeuse – la célèbre Erika Sell-Schopp – en action : la statuaire antique et

« olympienne » vient ici retrouver la vision quotidienne des héros bien dits « olympiques ». Comment ne pas voir, dans cette golfeuse prête à taper dans sa balle, l'antique *Ninfa* assassinant Orphée à coups de bâton, et dont Warburg avait si bien étudié les survivances chez Mantegna, puis chez Dürer[290] ?

L'auteur de *Mnemosyne* ne craindra pas d'aller plus loin encore, plus bas dans la trivialité de la matière sociale – c'est-à-dire dans l'archéologie de l'immémorial contemporain. Ainsi apparaîtront, sur la même planche de l'atlas, de banals timbres français (la célèbre *Semeuse* envisagée comme avatar posthume de *Ninfa*), un dépliant pour une croisière en mer du Nord (drapés flottant au vent du large), et même une publicité pour le papier-toilette *Hausfee*, bien nommé « La Fée du logis »…

Ces choix auraient pu être différents, bien sûr. Au fur et à mesure que s'étendent les arborescences généalogiques de la survivance, le nombre des objets significatifs, fatalement, ne cessera pas de croître. Et c'est bien à l'*imagination* de l'historien qu'il faudra référer l'arbitraire de ces choix illimités en droit, mais toujours limités en fait. L'arbitraire du choix imaginé par Warburg sur la planche 77 de son atlas *Mnemosyne* apporte avec lui quelque chose comme une irritante *inexactitude* dans l'idée à se faire d'une détermination historique ayant pour point de départ la représentation tragique de Médée et pour point d'arrivée la représentation publicitaire d'un trivial papier hygiénique. Mais ce choix – qu'il faut considérer avec tous les autres de l'atlas *Mnemosyne*, voire avec tous les autres de la photothèque où Warburg ne cessait de puiser et d'enrichir son matériau – nous entretient d'une teneur de *vérité* plus profonde : dans l'extrême distance qui sépare l'antique *Médée* de la moderne *Hausfee*, c'est le fonctionnement *épidémique* des images, par-delà les frontières chronologiques et géographiques, qui nous est suggéré.

Or, pour mettre au jour cette fonction si cruciale – si anthropologiquement formatrice – des images, il faut *ouvrir les yeux* sur tout ce qui passe, selon la prescription benjaminienne de l'« historien-chiffonnier »… Mais aussi *fermer les yeux* pour laisser venir à soi les paquets de relations, les condensations, les déplacements, les généalogies inobservables à l'œil nu. Dans l'arbitraire individuel de la rêverie warburgienne sur une photographie de golfeuse pensée comme survivance des nymphes antiques, se trouve lancée une hypothèse sur la

60. Aby Warburg, *Bilderatlas Mnemosyne*, 1929 (planche 77), montage de photographies. Londres, The Warburg Institute.

nécessité collective, culturelle, d'une survivance moderne des dieux païens en général[291]. S'il est vrai que Warburg, avant Benjamin, demande à l'histoire des images d'assumer la « tâche de l'interprétation des rêves » (*die Aufgabe der Tramdeutung*), alors il faut accepter que l'interprète lui-même y soit partie prenante[292].

En ce sens, l'histoire de l'art serait un *savoir poétique*, aussi rigoureusement, aussi archéologiquement dût-il être construit. On ne produit pas un savoir sur les images sans les manipuler. On ne manipule pas les images sans être exposé – pour le meilleur ou pour le pire – à subir, voire à transmettre leur pouvoir épidémique. L'œil s'ouvre pour s'approcher des images, pour mieux les saisir (les analyser, les comprendre). Mais, saisi, *pris* par elles en retour, l'œil se fermera un temps pour éprouver leurs souveraines revenances.

Donnons, de cette condition, une manière d'allégorie : c'est un énigmatique petit tableau peint par Lorenzo Lotto dans la seconde moitié des années 1540 **[fig. 61]**. Au tout premier plan est un livre ouvert : ce par quoi tout commence (je ne pense pas seulement aux *Essais d'iconologie* découverts par l'étudiant sur le rayonnage d'une bibliothèque, je pense surtout aux livres d'images de notre enfance) et tout finit en général (n'est-ce pas sur ses écrits que l'historien sera un jour ou l'autre jugé ?). Tout en face est un jeune homme dénudé, saisi dans la position du dormeur, et plus précisément du rêveur mélancolique : main contre la tempe. Il tient entre ses jambes le manche d'un instrument à cordes – d'autres livres et d'autres instruments jonchant le sol devant lui. Il a remisé dans l'ombre, derrière lui, parmi des lauriers, son arc et ses flèches.

C'est Apollon, assurément. Mais quelle étrange posture ! Elle ne semble pas procéder directement d'un modèle classique, du moins à ma connaissance[293]. Lotto semble avoir créé là un véritable *capriccio* d'imagination, une interprétation si *anachronique,* si inusitée, de la mythologie *antique* que l'on est bien tenté d'y voir – les historiens eux-mêmes semblent l'attester, fût-ce par leurs silences perplexes – une image déjà *moderne* de la divinité poétique par excellence[294].

Entre le livre ouvert du premier plan et les paupières closes du personnage solitaire se tient l'élément le plus remarquable, le plus extravagant, de ce *capriccio* : neuf *drapés tombés* de différentes couleurs font devant le jeune dieu comme un champ de haillons. Nous voici, apparemment, devant la dialectique même proposée par Baudelaire :

61. Lorenzo Lotto, *Apollon endormi* (détail), vers 1545-1549, huile sur toile. Budapest, Szépmüveszéti Muzeum.

la faculté «quasi divine» de l'Imagination – poétique et musicale : celle dont Apollon est le maître par excellence – d'un côté. De l'autre : la trivialité quasi misérable, gênante en tout cas au premier regard, de ces neuf dépouilles jetées à terre, proches de l'informe.

Nous voici donc devant cet Apollon rêveur comme devant le dieu des chiffonniers. Bien sûr, nous sommes au mont Parnasse – et non dans quelque ruelle fangeuse de Montparnasse photographiée par Éli Lotar ou Germaine Krull –, tout près de l'idyllique source Hippocrène. Il n'est pas très difficile, dans ces conditions, de comprendre d'où viennent ces neuf bouts de tissu jetés par terre : ce sont les robes des Muses. Lotto aurait inventé, avec cette image, une version perverse de l'Apollon musagète – cet Apollon solaire et bien éveillé, entouré des neuf Muses dont il dirige le chœur, thème bien connu au Cinquecento[295] –, une version où les Muses auraient fui en abandonnant leurs drapés aux pieds du dieu qui dort.

Il importe peu de savoir où elles ont fui (la partie gauche du tableau montre quatre Muses se baignant, nues, à la rivière ; la partie droite, qui manque, montrait certainement les cinq autres). Lorenzo Lotto, dans son *Libro di spese*, évoquait lui-même le petit tableau en le résumant, soit à son paysage (*«el paese con Apollo adormentato»*), soit au dieu lui-même (*«el quadro de l'Apollo [...] lo Apollo adormentato in monte Parnaso»*), soit au contraste marqué entre la *concentration* du dieu endormi et la *dispersion* des Muses rejetées aux bords de l'image : *«[...] uno con Apollo dormiente in Parnaso e le Muse andar disperse [...] Apollo in monte Parnaso con le Muse, quello dorme e quelle confuse*[296]».

Nos Muses seraient donc, au dire du peintre lui-même, «confuses» dans ce tableau ? Comment l'entendre, sinon aux différents sens latins de la *confusio* ? Désordre et confusion, rupture dans la discipline : fi des règles de l'art, on laisse choir les instruments de musique et les livres versifiés ; fi de la pudeur, on tombe les robes et on se disperse dans la nature... Mais la *confusio* dit aussi le mélange, le pêle-mêle, le chiffonné, voire l'action de se répandre : dispersées, les Muses sont aussi répandues, comme mêlées à la terre qui recueille sous nos yeux leurs informes draperies : extension, intensité, inhérence. Ce n'est pas un hasard si les interprétations idylliques de la scène[297] se doublent d'un sentiment d'inquiétante étrangeté[298] et, surtout, d'un soupçon que le tableau aurait quelque chose à voir avec une iconographie du *déclin* : si les Muses se sont dispersées, que reste-t-il donc à l'inspiration du poète[299] ?

Il lui reste, précisément, *ce qui s'ouvre d'images lorsque se ferment les yeux*. La confusion de vestiges qui règne devant nos yeux ouverts pourrait être pensée comme une allégorie des lambeaux d'images et de signes qui se pressent – au rythme d'un *Traumarbeit* – derrière les paupières closes d'un dieu rêveur. Ce que nous voyons tous yeux ouverts serait une figure de la *figurabilité* elle-même, je veux dire une figure de ces échanges et de ces « confusions » incessantes entre mots (livres), sons (instruments de musique), savoirs (la sphère armillaire posée près d'Apollon) et, bien sûr, lambeaux d'images jetés partout…

Lorenzo Lotto, parfaitement giorgionesque sur ce point, semble avoir pris un plaisir particulier à composer sa belle zone sombre de sous-bois, à l'avant-plan comme à l'arrière-plan, tandis que les seules zones colorées – ces taches plissées que forment les drapés sur le sol– sont animées d'un mouvement erratique, bien peu apaisant pour l'œil. Les neuf haillons ne sont donc pas simplement posés par terre : ils viennent, chromatiquement, dynamiquement, nous éclater au visage comme des fragments incompréhensibles et dangereux. Ils ont, ils *sont* l'éclat de la perte : exubérance et pauvreté du vestige.

Apollon a donc perdu ses Muses. Plus tard, le poète baudelairien perdra son auréole : dans le macadam d'une rue parisienne[300]. Ici (dans un sous-bois du mont Parnasse) comme ailleurs (contre le caniveau d'un trottoir de Montparnasse), le *drapé tombé* nous parle bien de l'abandon et du déclin, cette façon particulière qu'ont les choses aimées de choir vers le sol. Fuite des Muses, chute de *Ninfa* ou déclin de l'aura : c'est tout un. Or, jamais la chute, la fuite ou le déclin n'engendrent de pure absence : l'absence est toujours impure. Impure – c'est-à-dire riche – de ses hantises psychiques et de ses traces matérielles, de ses fantômes et de ses vestiges qui, un jour ou l'autre, au coin d'une rue ou d'un sous-bois, nous apparaîtront sous quelque forme de draperie, de froissement, de pli.

Apollon a perdu ses Muses. Tout nu, sans armes, il n'en impose plus à personne. Il ne lui reste que sa lyre (Joyce, plus tard, jouera de la guitare) et une certaine innocence dans la beauté (on disait de ses boucles, dans l'Antiquité, qu'elles étaient les pétales de sa pensée). Peut-être est-il en train, après avoir trop joui de son pouvoir ou de sa séduction, de décliner lui-même vers le sol : peut-être est-il en train de n'être plus un dieu. Que lui reste-t-il donc ? Il lui reste la capacité de former des images, ce « sommeil vigilant de l'âme » (*sonno vigilante dell'anima*) dont Lorenzo Lotto avait déjà donné l'allégorie féminine[301], et dont il donnera aussi des versions chrétiennes, notamment dans le *Saint Jérôme* du Louvre, littéralement *écroulé* en contemplation[302].

Apollon a perdu ses Muses de vue. Peut-être les entend-il s'éloigner et, reclos dans la concentration, écoute-t-il encore leurs chants. Imaginer, n'est-ce pas d'abord *se mettre à l'écoute par images interposées*, en un lieu psychique où l'arbitraire des associations « subjectives » fait lever une structure « objective » de correspondances ou, du moins, une certaine orientation fondamentale de l'existence même[303] ?

Millard Meiss a écrit que l'iconographie du sommeil, au Moyen Âge et à la Renaissance, était investie de valeurs, non seulement diverses, mais encore opposées[304]. Il nous serait donc loisible de voir, dans les yeux clos d'Apollon, dans leur essentielle *concentration*, une *confusion* de toutes les polarités constitutives où le jeune dieu puise ses attributs : la *douceur* qu'il apporte aux âmes par la musique et la poésie ; mais aussi la *cruauté* meurtrière dont il sait aussi se rendre capable (ses flèches sur les enfants de Niobé **[fig. 22]**, son couteau écorchant Marsyas) ; le *désir* qui, constamment, le meut[305] (envers la nymphe Daphné, la Muse Thalie, la devineresse Manto ou le jeune garçon Hyacinthos) ; mais aussi la *mélancolie* que sa position dénote clairement, le faisant ressembler aux antiques dieux fluviaux, voire à certaines représentations contemporaines de Saturne[306].

Quelques mois avant sa mort, Aby Warburg confiait à son journal qu'il éprouvait toute l'histoire de la culture occidentale selon la perpétuelle oscillation de deux états psychiques contradictoires mais toujours liés : « La nymphe extatique (maniaque) d'un côté et le dieu fluvial en deuil (dépressif) de l'autre (*die ekstatische Nympha (manisch) einerseits und der trauernde Flussgott (depressiv) andererseits*)[307]... » Il semblerait qu'au moment même où les Muses ont disparu de sa vue, Apollon réunisse en lui-même ces deux états contradictoires – *désir et deuil* mis ensemble pour former le rythme particulier, la musique inouïe de notre modernité[308]. Le désir ne peut que s'exaspérer devant ces robes chiffonnées vides de corps. Le deuil ne peut que s'approfondir devant ces pauvres linceuls tombés à terre.

Mais ce que nous ressentons si vivement aujourd'hui – notamment après Baudelaire – ne date pas d'hier, on le sait bien. Souvenons-nous que le prélude de la *Théogonie* d'Hésiode s'ouvrait sur une invocation aux Muses en tant qu'elles « s'éloignent [déjà], vêtues d'épaisse brume » ou « cheminant dans la nuit[309] ». Souvenons-nous quel temps elles étaient supposées dévoiler, « quand elles disent à la fois ce qui est, ce qui sera, ce qui fut, de leurs voix à l'unisson[310] ». Souvenons-nous que leur mère s'appelait Mnémosyne. Et que Mnémosyne formait elle-même la source d'un fleuve qui, avec Léthé – l'oubli –, menait jusqu'aux Enfers.

NOTES

1. Cf. S. Freud, *Correspondance* (1873-1939), éd. E. Freud, trad. A. Berman et J.-P. Grossein, Paris, Gallimard, 1966, p. 183-223.

2. *Id.*, *Études sur l'hystérie* (1895), trad. A. Berman, Paris, PUF, 1973, p. 5 et 11.

3. *Id.*, *Le Délire et les rêves dans la* Gradiva *de W. Jensen* (1907), trad. P. Arhex et R.-M. Zeitlin, Paris, Gallimard, 1986.

4. A. Warburg, « *La Naissance de Vénus* et *Le Printemps* de Sandro Botticelli » (1893), trad. S. Muller, *Essais florentins*, Paris, Klincksieck, 1990, p. 47-100. *Id.*, *Ninfa fiorentina* (1900), Londres, Warburg Institute Archive, III, 118, 1 [avec André Jolles]. *Id.*, « L'entrée du style idéal antiquisant dans la peinture du début de la Renaissance » (1914), trad. J. Hincker [d'après la version italienne], *Essais florentins*, *op. cit.*, p. 221-243.

5. *Id.*, *Gesammelte Schriften, II-1. Der Bilderatlas Mnemosyne*, éd. M. Warnke et C. Brink, Berlin, Akademie Verlag, 2000, où *Ninfa* apparaît notamment aux planches 4-6, 25, 39-48, 55, 57, 70, 76-77.

6. Cf. G. Didi-Huberman, *L'Image survivante. Histoire de l'art et temps des fantômes selon Aby Warburg*, Paris, Minuit, 2002 (sur *Ninfa* comme paradigme du *Nachleben*, cf. p. 256-270 et 340-354).

7. Cf. M. Halm-Tisserant et G. Siebert, « Nymphaï », *Lexicon iconographicum mythologiae classicae, VIII-1,* Zurich-Düsseldorf, Artemis, 1997, p. 891-902. G. Becatti, *Ninfe e divinità marine. Ricerche mitologiche, iconografiche e stilistiche*, Rome, De Luca, 1971. Sur les sources littéraires classiques, cf. A. D. Nock, « Nymphs and Nereids », *Mélanges de l'Université Saint-Joseph*, XXXVII, 1961, n° 18, p. 297-308. H. Zusanek, *Die Nymphen. Untersuchungen zum dios-Begriff, II*, Francfort-New York, Peter Lang, 1998.

8. Cf. H. Wrede, « Klinenprobleme », *Archäologischer Anzeiger*, 1981, p. 86-131.

9. Cf. M. Meiss, « Sleep in Venice. Ancient Myths and Renaissance Proclivities », *Proceedings of the American Philosophical Society*, CX, 1966, n° 5, p. 348-382. E. B. MacDougall, « The Sleeping Nymph : Origins of a Humanist Fountain Type », *The Art Bulletin*, LVII, 1975, n° 3, p. 357-365. P. P. Bober, « The *Coryciana* and the Nymph Corycia », *Journal of the Warburg and Courtauld Institutes*, XL, 1977, p. 223-239. M. C. Bandera Viani, « La "ninfa" : continuità di rapporti tra Antichità e Rinascimento nelle arti visive », *Scritti di storia dell'arte in onore di Roberto Salvini*, Florence, Sansoni, 1984, p. 265-269.

10. Cf. A. Warburg, « *Le Déjeuner sur l'herbe* de Manet. La fonction préfiguratrice des divinités élémentaires païennes pour l'évolution du sentiment moderne de la nature » (1929), trad. M. Cohen-Halimi, *Fin*, 2001, n° 9, p. 43-49.

11. Cf. W. Benjamin, « L'œuvre d'art à l'époque de sa reproductibilité technique » (dernière version de 1938), trad. M. de Gandillac revue par R. Rochlitz, *Œuvres*, III, Paris, Gallimard, 2000, p. 269-316. Sur le « déclin » de l'aura distingué de sa simple « destruction », cf. G. Didi-Huberman, « Supposition de l'aura. Du Maintenant, de l'Autrefois et de la modernité » (1996), *Devant le temps. Histoire de l'art et anachronisme des images*, Paris, Minuit, 2000, p. 233-260. Pour une histoire littéraire de ce motif, cf. L. Jenny, *L'Expérience de la chute. De Montaigne à Michaux*, Paris, PUF, 1997.

12. Cf. R. Goffen, « Sex, Space, and Social History in Titian's *Venus of Urbino* », dans R. Goffen (dir.), *Titian's « Venus of Urbino »*, Cambridge, Cambridge University Press, 1997, p. 63-90, dont les propositions sont affinées par Daniel Arasse : « Titian's *Venus of Urbino* represents the first great fetish of the nude female body offered to a (male) glance in Western painting. » D. Arasse, « The *Venus of Urbino*, or the Archetype of a Glance », *ibid.*, p. 91. Cf., plus récemment, *id.*, *On n'y voit rien. Descriptions*, Paris, Denoël, 2000, p. 107-152.

13. L. Binswanger, « Le rêve et l'existence » (1930), trad. J. Verdeaux et R. Kuhn, *Introduction à l'analyse existentielle*, Paris, Minuit, 1971, p. 199-225.

14. Lucrèce, *De la nature*, II, 216-291, trad. A. Ernout, Paris, Les Belles Lettres, 1964, I, p. 50-52.

15. A. Warburg, « *La Naissance de Vénus* et *Le Printemps* de Sandro Botticelli », art. cit., p. 47-100.

16. Piero di Cosimo, *Persée libérant Andromède*, vers 1515. Florence, Galleria degli Uffizi. Sur le motif d'Andromède, cf. notamment F. Siguret et A. Laframboise (dir.), *Andromède ou le Héros à l'épreuve de la beauté*, Paris, Musée du Louvre-Klincksieck, 1996. Sur la nudité féminine et les « séductions de l'Antique » à la Renaissance, cf. P. Rubin, « The Seductions of Antiquity », *Manifestations of Venus. Art and Sexuality*, dir. C. Arscott et K. Scott, Manchester-New York, Manchester University Press, 2000, p. 24-38.

17. Il faut aussi rappeler, du même Titien – et en marge des grands nus célèbres, *Vénus* ou autres *Danaé* –, la *Vénus du Pardo* (vers 1540, Paris, musée du Louvre) couchée dans son vêtement blanc qu'une main de satyre est en train de soulever, ou encore *La Nymphe et le berger* (1570, Vienne, Kunsthistorisches Museum). Sur la célèbre *Vénus* de Giorgione, cf. notamment C. Ginzburg, « Die *Venus* von Giorgione : Ikonographische Innovationen und ihre Folgen », *Vorträge aus dem Warburg-Haus*, II, 1998, p. 1-38.

18. Titien, *Danaé*, 1545-1546, huile sur toile. Naples, Gallerie nazionali di Capodimonte. *Id.*, *Danaé*, 1553-1554. Huile sur toile. Madrid, Museo del Prado.

19. Corrège, dans sa *Léda*, décompose littéralement les différentes étapes de cet embrassement. Cf. aussi *Io*, vers 1531, huile sur toile. Vienne, Kunsthistorisches Museum.

20. Cf. J. Wilde, *De Bellini à Titien. Texture, forme, couleur dans l'art vénitien* (1981), trad. G. Morel, Paris, Macula, 1993, p. 137-232, qui, sans le savoir, rejoint Warburg dans ses analyses sur le rôle expressif des textures.

21. Cf., déjà, Titien, *Le Culte de Vénus*, vers 1518-1519, huile sur toile. Madrid, Museo del Prado (où le premier plan est occupé par un drapé posé en tas).

22. Pour un catalogue de cette série, cf. A. Mérot, *Poussin*, Paris, Hazan, 1990, p. 275-283. Sur le motif du corps endormi comme emblème du tableau lui-même (« Le tableau de peinture est un corps endormi »), cf. L. Marin, « À l'éveil des métamorphoses : Poussin (1625-1635) » (1983), *Sublime Poussin*, Paris, Le Seuil, 1995, p. 161-174. Aussi différentes soient-elles, ces approches ignorent toutes deux l'*heuristique érotique* de l'invention gestuelle chez Poussin. Encore moins d'éléments dans le catalogue de P. Rosenberg et L.-A. Prat (dir.), *Nicolas Poussin, 1594-1665*, Paris, RMN, 1994.

23. Cette belle incongruité reste, à ma connaissance, bien peu commentée. Le tableau était absent de la rétrospective *Nicolas Poussin, 1594-1665, op. cit.* Oskar Bätschmann (*Poussin, dialectiques de la peinture* [1982], trad. C. Brunet, Paris, Flammarion, 1994, p. 75-76) remarque bien la composition centrée du tableau et les paradoxes de mouvements qui en résultent, mais il ne s'interroge pas sur la fonction de ce « torchon » de premier plan où toute la structure du tableau vient se précipiter. Sur les dessins préparatoires au *Triomphe de Pan*, cf. A. Blunt, *Les Dessins de Poussin* (1979), trad. S. Schnall, Paris, Hazan, 1988, p. 102-107. P. Rosenberg et L.-A. Prat, *Nicolas Poussin (1594-1665). Catalogue raisonné des dessins*, I, Milan, Leonardo, 1994, p. 148-159 et 168-171. Sur les copies et les interprétations du tableau (y compris chez Picasso), cf. A. Blunt, *The Paintings of Nicolas Poussin. A Critical Catalogue*, Londres, Phaidon, 1966, p. 97.

24. H. Heine, « Les dieux en exil » (1853), *De l'Allemagne*, éd. P. Grappin, Paris, Gallimard, 1998, p. 400-401.

25. Cf. A. Muñoz, « Stefano Maderno », *Atti e memorie della Reale Accademia di S. Luca*, III, 1913-1914 [publié en 1915], p. 1-23.

26. Jacques de Voragine, *La Légende dorée* (vers 1263), trad. J.-B. M. Roze (1900), Paris, Garnier-Flammarion, 1967, II, p. 373.

27. *Ibid.*, p. 372-373. Sur le dossier hagiographique, cf. A. Bosio, *Historia passionis B. Caeciliae virginis, Valeriani, Tiburtii et Maximi, martyrum necnon Urbani et Lucii pontificum et martyrum vitae*, Rome, S. Paulinum, 1600, p. 1-26. P. Guérin, « Sainte Cécile de Rome, vierge et martyre », *Vie des saints*, XIII, Paris, Victor Palmé, 1873, p. 541-561. É. Poirée, *Sainte Cécile*, Paris, Laurens, 1920. H. Quentin, « Cécile (sainte) », *Dictionnaire d'archéologie chrétienne et de liturgie, II-2*, Paris, Letouzey et Ané, 1924, col. 2712-2738 (qui cite de larges extraits de Bosio).

28. Cf. A. P. de Mirimonde, *Sainte Cécile : métamorphoses d'un thème musical*, Genève, Minkoff, 1974. Sur le célèbre tableau de Raphaël, cf. S. Mossakowski, « Raphael's *St. Cecilia*. An Iconographical Study », *Zeitschrift für Kunstgeschichte*, XXXI, 1968, p. 1-26, ainsi que le colloque *L'estasi di Santa Cecilia di Raffaello da Urbino nella Pinacoteca nazionale di Bologna*, Bologne, Alfa, 1983.

29. É. Mâle, *L'Art religieux de la fin du XVIe siècle, du XVIIe siècle et du XVIIIe siècle. Étude sur l'iconographie après le concile de Trente*, Paris, Armand Colin, 1932 (éd. revue, 1951), p. 122-123. Cf., plus récemment, G. Miarelli Mariani, « Il "Cristianesimo primitivo" nella Riforma cattolica e alcuni incidenze sui monumenti del passato », *Architettura a Roma e in Italia, 1580-1621. Atti del XXIII Congresso di storia dell'architettura*, Rome, Centro di Studi per la Storia dell'Architettura, 1989, p. 133-166.

30. Cf. J. P. Kirsch, *Die heilige Cäcilia in der römischen Kirche des Altertums*, Paderborn, Schöningh, 1910, p. 15-57. H. Leclercq, « Cécile (crypte et basilique de sainte) », *Dictionnaire d'archéologie chrétienne et de liturgie, II-2, op. cit.*, col. 2738-2779. Sur les restaurations et les découvertes archéologiques au début du XXe siècle, cf. R. Mammani, « I restauri della chiesa di S. Cecilia in Trastevere », *Bessarione*, IIe série, I, 1901, p. 273-280.

31. O. Panciroli et F. Posterla, *Roma sacra e moderna*, Rome, Mamardi, 1725 (rééd. anastatique, Bologne, Arnaldo Forni, 1977), p. 433. H. Quentin, « Cécile (sainte) », art. cit., col. 2735-2737 (citant le texte latin de Bosio, sur lequel nous reviendrons un peu plus loin). M. Escobar, *Le dimore romane dei santi*, Rome, Cappelli, 1964, p. 43.

32. É. Mâle, *L'Art religieux de la fin du* XVIe *siècle*, *op. cit.*, p. 124-125.

33. G. Baglione, *Le vite de' pittori, scultori et architetti, dal Pontificato di Gregorio XIII dal 1572 fino a' tempi di Papa Urbano VIII nel 1642*, Rome, Fei, 1642 (rééd. dirigée par J. Hess et H. Röttgen, Città del Vaticano, Biblioteca Apostolica Vaticana, 1995), I, p. 345. La formule sera reprise par O. Panciroli et F. Posterla, *Roma sacra e moderna*, *op. cit.*, p. 434 (*si vede nel atto come fù ritrovato il suo Santissimo Corpo*).

34. É. Mâle, *L'Art religieux de la fin du* XVIe *siècle*, *op. cit.*, p. 125 : « Des artistes eurent le temps de dessiner cette fugitive vision et le sculpteur Stefano Maderna *[sic]* fut chargé d'en perpétuer le souvenir. C'est à lui que nous devons ce délicieux chef-d'œuvre, la statue couchée de sainte Cécile au Transtévère, qu'aucun visiteur ne peut oublier. »

35. M. Reymond, « La *Sainte Cécile* de Stéphane Maderne », *Gazette des Beaux-Arts*, 3e période, VII, 1892, p. 38-39.

36. *Ibid.*, p. 42.

37. *Ibid.*, p. 40.

38. X. Barbier de Montault, « Iconographie de sainte Cécile, d'après les monuments de Rome », *Revue de l'art chrétien*, XXXVII, 1887, p. 426-447, et XXXVIII, 1888, p. 23-50.

39. *Ibid.*, p. 23-24 et 26-27.

40. *Ibid.*, p. 25-26.

41. *Ibid.*, p. 26.

42. L. de Lacger, « De l'authenticité des reliques de sainte Cécile. Rome et Albi », *Bulletin de littérature ecclésiastique*, XXIV, 1923, p. 220.

43. *Ibid.*, p. 220-221.

44. Un « diplôme » qui n'est, en réalité qu'un pastiche tardif, et un passage du célèbre *Liber Pontificalis*. Cf. H. Quentin, « Cécile (sainte) », art. cit., col. 2733-2735.

45. L. de Lacger, « De l'authenticité des reliques de sainte Cécile », art. cit., p. 222-223. Cf. également L. Saltet, « Archéologie romaine. La translation de sainte Cécile au IXe siècle », *Bulletin de littérature ecclésiastique*, XI, 1912, p. 169-179.

46. L. de Lacger, « De l'authenticité des reliques de sainte Cécile », art. cit., p. 218 et 224.

47. Cf. J. Pope-Hennessy, *An Introduction to Italian Sculpture, III. Italian High Renaissance and Baroque Sculpture*, Londres, Phaidon, 1963 (éd. 1996), p. 288. Selon N. von Holst (« Die Cäcilienstatue des Maderna. Ihre Entstehung und ihre Antiken Vorbilder », *Zeitschrift für Kunstgeschichte*, IV, 1935, p. 35-46), la statue de Maderno serait dérivée d'une gravure italienne des années 1540-1550 (*Sainte Cécile*, Londres, British Museum). Hypothèse et datation réfutées par M. S. O'Neil, « Stefano Maderno's *Saint Cecilia* : A Seventeenth Century Roman Sculpture Remeasured », *Antologia di belle arti*, N.S., XXV-XXVI, 1985, p. 15. L'article de von Holst demeure précieux pour le matériel qu'il réunit autour de cette *Pathosformel* si particulière. Je remercie François Quiviger et Ruth Rubinstein, du Warburg Institute, pour m'avoir procuré l'image du *Perse mort* de Naples. Cf. P. P. Bober et R. Rubinstein, *Renaissance Artists and Antique Sculpture. A Handbook of Sources*, Londres, Harvey Miller, 1986 (éd. revue, 1987), p. 186.

48. J. Pope-Hennessy, *An Introduction to Italian Sculpture, III*, *op. cit.*, p. 288. Sur les documents relatifs à l'œuvre, cf. A. Nava Cellini, « Stefano Maderno, Francesco Vanni e Guido

Reni a Santa Cecilia in Trastevere», *Paragone*, 1969, n° 227, p. 18-41, et M. S. O'Neil, «Stefano Maderno's *Saint Cecilia*», art. cit., p. 9-21. Curieusement, la statue de Maderno – comme son auteur lui-même – n'est pas mentionnée une seule fois dans l'ouvrage de J. Montagu, *Roman Baroque Sculpture. The Industry of Art*, New Haven-Londres, Yale University Press, 1989.

49. Œuvre dont une version lithographique (1843) a été largement diffusée au XIXe siècle. En revanche, le tableau d'Étienne Gautier, *La Mort de sainte Cécile* (Lyon, primatiale Saint-Jean), représente la sainte couchée sur le dos. D'autres exemples romantiques sont donnés par D. Kaczmarzyk, «Posag swietej Cecylii z Wyspy Topolowej w Arkadii [La statue de sainte Cécile de l'île aux Peupliers du parc d'Arkadia près de Nieborów]», *Rocznik Muzeum Narodowego w Warszawie*, XXXII, 1988, p. 353-365.

50. Cf. G. Didi-Huberman, *L'Image survivante*, *op. cit.*, p. 244-248.

51. Il faut également signaler, pour la période suivante, la sculpture de Pierre Legros, *Le Bienheureux Stanislas Kostka* (1703), qui se trouve, à Rome, dans l'église Sant'Andrea al Quirinale.

52. Cf. E. Panofsky, *Tomb Sculpture. Four Lectures on Its Changing Aspects from Ancient Egypt to Bernini* (1964), Londres-New York, Phaidon-Abrams, 1992, p. 73-96.

53. Sur l'*Hermaphrodite*, découvert à Rome – dans le jardin du couvent des Carmélites, à Santa Maria della Vittoria ! – en 1619 et restauré par Bernin dans l'année qui suivit, cf. M. Winner, «Ermafrodito», *Bernini scultore. La nascita del Barocco in Casa Borghese*, dir. A. Coliva et S. Schütze, Rome, De Luca, 1998, p. 124-133.

54. G. Deleuze, *Le Pli. Leibniz et le baroque*, Paris, Minuit, 1988, p. 166.

55. Sur cette œuvre magistrale, cf. notamment F. H. Sommer, «The Iconography of Action : Bernini's *Ludovica Albertoni*», *The Art Quarterly*, XXXVI, 1970, p. 30-38. S. K. Perlove, *Bernini and the Idealization of Death. The* Blessed Ludovica Albertoni *and the Altieri Chapel* (1984), University Park, The Pennsylvania State University Press, 1990. G. Careri, *Envols d'amour. Le Bernin : montage des arts et dévotion baroque*, trad. M. Coquet, Paris, Usher, 1990, p. 95-147, qui critique les deux interprétations précédentes et cite les *Voli d'amore* de Bernardino Santini (1673), texte où la Bienheureuse est comparée, justement, à une *Ninfa* (*ibid.*, p. 104-105).

56. G. Deleuze, *Le Pli*, *op. cit.*, p. 166. Cf. également p. 169 : «Même comprimés, pliés et enveloppés, les éléments sont des puissances d'élargissement et d'étirement.»

57. Mais aussi de bien d'autres œuvres baroques, comme les sculptures romaines de Melchiore Caffà, Paolo Naldini ou Lazzaro Morelli. Cf. J. Pope-Hennessy, *An Introduction to Italian Sculpture*, III, *op. cit.*, p. 410-411. J. Montagu, *Roman Baroque Sculpture*, *op. cit.*, p. 137, etc.

58. G. Deleuze, *Le Pli*, *op. cit.*, p. 165-166.

59. *Ibid.*, p. 31.

60. *Ibid.*, p. 25.

61. T. Gautier, *Arria Marcella. Souvenir de Pompéi* (1852), éd. B. Auzanneau, Paris, Le Livre de Poche, 1999, p. 73-75.

62. E. et J. de Goncourt, *Madame Gervaisais* (1869), Paris, Gallimard, 1982, p. 220.

63. É. Zola, *Rome* (1896), éd. J. Noiray, Paris, Gallimard, 1999, p. 486-487. L'église de Santa Cecilia est évoquée p. 560.

64. Cf. É. Littré, *Dictionnaire de la langue française*, I, Paris, Hachette, 1873, p. 597 : « Cette femme ne se tient pas bien, elle sort en cheveux. »

65. Cf. A. de Jorio, *La mimica degli Antichi investigata nel gestire Napoletano*, Naples, Fibreno, 1832. E. B. Tylor, *Primitive Culture. Researches into the Development of Mythology, Philosophy, Religion, Art, and Custom*, Londres, Murray, 1871.

66. Cf. W. Benjamin, *Paris, capitale du XIXe siècle. Le livre des passages* (1927-1940), trad. J. Lacoste, Paris, Le Cerf, 1989, p. 559 : « Créer de l'histoire avec les détritus mêmes de l'histoire » (citation de Remy de Gourmont, placée en exergue de la section S). Sur le motif de l'historien-chiffonnier chez Benjamin, cf. G. Didi-Huberman, *Devant le temps*, *op. cit.*, p. 99-127.

67. W. Benjamin, *Paris, capitale du XIXe siècle*, *op. cit.*, p. 111. Cf. également p. 848.

68. *Ibid.*, p. 536.

69. *Ibid.*, p. 832.

70. *Ibid.*, p. 108.

71. *Id.*, *Images de pensée*, trad. J. Lacoste et J.-F. Poirier, Paris, Christian Bourgois, 1998, p. 7-115.

72. *Id.*, *Paris, capitale du XIXe siècle*, *op. cit.*, p. 120 : « Démolitions : sources de l'enseignement théorique de la construction. »

73. *Ibid.*, p. 829.

74. *Ibid.*, p. 860.

75. *Ibid.*, p. 56 et 256 (la première phrase est de Benjamin, la seconde une citation de Baudelaire).

76. Cf. C. Baudelaire, « Le peintre de la vie moderne » (1863), *Œuvres complètes*, II, éd. C. Pichois, Paris, Gallimard, 1976, p. 683-686. W. Benjamin, *Paris, capitale du XIXe siècle*, *op. cit.*, p. 88-106 et 559-578.

77. C. Baudelaire, « Le peintre de la vie moderne », art. cit., p. 694-695.

78. *Ibid.*, p. 695.

79. W. Benjamin, *Paris, capitale du XIXe siècle*, *op. cit.*, p. 256 et 370.

80. *Ibid.*, p. 379.

81. Cf. R. E. Krauss, *L'Originalité de l'avant-garde et autres mythes modernistes* (1985), trad. J.-P. Criqui, Paris, Macula, 1993.

82. W. Benjamin, *Paris, capitale du XIXe siècle*, *op. cit.*, p. 828 et 832.

83. C. Baudelaire, « Salon de 1846 » (1846), *Œuvres complètes*, II, *op. cit.*, p. 455 : « J'ai déjà remarqué que le souvenir était le grand critérium de l'art ; l'art est une mnémotechnie du beau. » *Id.*, « Le peintre de la vie moderne », *ibid.*, p. 697-700 (« L'art mnémonique »). Sur le thème du « suranné », cf. notamment F. Orlando, *Gli oggetti desueti nelle immagini della letteratura. Rovine, reliquie, rarità, robaccia, luoghi inabitati e tesori nascosti*, Turin, Einaudi, 1993 (éd. revue et augmentée, 1994). Cette conception de la *modernité* selon Baudelaire – puis Benjamin – est aux antipodes de la conception du *modernisme* que se font aujourd'hui bien des théoriciens du *postmodernisme*, pour qui l'art « moderne » et ses avant-gardes seraient, *grosso modo*, privés de toute dimension mnémonique.

84. Pour cet objet, qui reste difficile à nommer – les cantonniers de Paris disent en général : *barrages* –, Jean-Loup Champion, que je remercie, me signale le vieux mot *tapon* qui, en effet, désigne « un petit tas d'étoffe ou de papier chiffonné, roulé en boule ou en forme de bouchon ». Mais ce mot est surtout employé dans le vocabulaire de la marine (« morceau de toile servant à raccommoder un trou dans une voile » ou « bouchon dont on se servait pour fermer l'âme d'un canon »). Cf. *Trésor de la langue française*, XV, Paris, Gallimard, 1992, p. 1376-1377.

85. Cf. *The Turner Prize 1999*, Londres, Tate Gallery, 1999, p. 7-8.

86. Cf. R. Storr, « Going Places », *Steve McQueen*, Londres-Zürich, Institute of Contemporary Art-Kunsthalle, 1999, p. 7-18. M. Newman, « McQueen's Materialism », *ibid.*, p. 21-35. O. Enwezor, « Haptic Visions. The Films of Steve McQueen », *ibid.*, p. 37-50.

87. Cf. F. Meschede (dir.), *Steve McQueen : Barrage*, Cologne, Walther König, 2000.

88. Cf. G. Didi-Huberman, « L'histoire de l'art à rebrousse-poil. Temps de l'image et "travail au sein des choses" selon Walter Benjamin », *Les Cahiers du Musée national d'Art moderne*, 2000, n° 72, p. 93-117.

89. Cf. Y.-A. Bois et R. E. Krauss, *L'Informe : mode d'emploi*, Paris, Centre Georges Pompidou, 1996, p. 69-72 et 86-95.

90. Cf. notamment L. Vergine (dir.), *Trash. From Junk to Art*, Milan-Corte Madera (Californie), Electa-Gingko, 1997. R. Rugoff (dir.), *Scene of the Crime*, Los Angeles-Cambridge-Londres, UCLA at the Armand Hammer Museum of Art-The MIT Press, 1997.

91. Il faudrait une analyse sociologique pour comprendre l'indissoluble lien qui noue le marché de l'art, l'assomption d'une valeur *historique* réduite au contexte, et la dénégation de toute valeur *archéologique* ou, en général, de toute longue durée. Des artistes perpétuellement mis en concurrence ne sont pas volontiers regardés comme participant d'une commune anthropologie.

92. Pour une première approche de cette longue histoire, cf. S. de Decker (dir.), *Paris, capitale de la photographie*, Paris, Hazan, 1998.

93. Cf. R. Pons, *Denise Colomb : quelques réflexions sur Paris*, Paris, Marval, 1989, n° 4.

94. Cf. notamment D. Païni, « Alain Fleischer ou le monde regardé par les images », *Fleischer*, Rome, Carte Segrete, 1988, p. 7-65. R. Durand (dir.), *Alain Fleischer, 1970-1995*, Barcelone, Fundació Joan Miró, 1996.

95. Ces images furent d'abord montrées, en 1973, sous forme de diapositives (Institut de l'Environnement, Paris), puis en 1975 sous forme de tirages papier (Odéon Photo, Paris). Une série de six cartes postales fut éditée en 1983-1984. Une salle entière de la rétrospective de 1989 était consacrée à cette série (cf. *Alain Fleischer. Deux ou trois choses que je ne…*, Aurillac-Tourcoing, Musées d'Aurillac-Médiathèque municipale, 1989, p. 73-85). Il faut cependant remarquer que, dans le travail de cet artiste, cette série est passée au second plan, derrière toute une heuristique de dispositifs complexes, le plus souvent basés sur la projection et la réflexion optiques. En sorte qu'aucun critique d'art ne s'est penché spécifiquement, du moins à ma connaissance, sur cette série.

96. Cf. W. Benjamin, *Paris, capitale du* XIX*e siècle*, *op. cit.*, p. 831.

97. Cf. *Alain Fleischer : obscures cérémonies*, Paris, Centre Georges Pompidou-Musée national d'art moderne, 1994, p. 10. Tous ces films sont en 16 mm noir et blanc, tournés en production indépendante. D'autres films expérimentaux d'Alain Fleischer sont signalés par P. Hillairet, C. Lebrat et P. Rollet (dir.), *Paris vu par le cinéma d'avant-garde, 1923-1983*, Paris, Éditions Paris Expérimental, 1985, p. 98.

98. W. Benjamin, *Paris, capitale du* XIX*e siècle*, *op. cit.*, p. 860.

99. *Ibid.*, p. 533-542. Cf. également p. 794-796 («La Seine, le très vieux Paris»).

100. *Ibid.*, p. 537 (citant L. Dubech et P. d'Espezel).

101. *Ibid.*, p. 534 et 536.

102. Cité *ibid.*, p. 463.

103. *Ibid.*, p. 109. Sur les égouts de Paris, cf. aussi p. 429-430.

104. L. S. Mercier, *Tableaux de Paris* (1782-1789), éd. J.-C. Bonnet, Paris, Mercure de France, 1994, I, p. 110-111 (ruisseaux), 452-453 (chiffonniers), 671-674 (mendiants), 1202-1203 (trottoirs), 1237-1240 (boueurs), 1255-1259 (décrotteurs).

105. M. Du Camp, *Paris, ses organes, ses fonctions et sa vie dans la seconde moitié du XIXe siècle*, Paris, Hachette, 1870 (rééd. Monaco, Rondeau, 1993), p. 144-154 (abattoirs), 339-360 (prostitution), 361-382 (mendicité), 565-582 (service des eaux), 599-614 (égouts), etc. Signalons aussi le répertoire des types d'égouts parisiens représentés en coupe dans A. Alphand, *Les Promenades de Paris. Histoire, description des embellissements, dépenses de création et d'entretien*, Paris, Rothschild, 1867-1873 (une planche non numérotée de la partie finale est intitulée «Les promenades intérieures de Paris»).

106. É. Zola, *Le Ventre de Paris* (1873), éd. H. Mitterand, Paris, Gallimard, 1979. Cf. notamment M. Scarpa, «*Le Ventre de Paris* ou le "monde immonde" d'Émile Zola. Lecture ethnocritique», *Iris*, 2000, n° 19, p. 45-55. Notons qu'en 1884, lors d'une des plus violentes épidémies de choléra que Naples ait eu à subir, un ouvrage sur le «ventre» de cette ville fut publié : M. Serao, *Il ventre di Napoli* (1884), éd. G. Infusino, Naples, Adriano Gallina, 1988. La meilleure analyse de cette «archéologie littéraire» de Paris – depuis Rousseau jusqu'à Nerval et Baudelaire – est fournie dans le livre de K. Stierle, *La Capitale des signes. Paris et son discours* (1993), trad. M. Rocher-Jacquin, Paris, Éditions de la Maison des sciences de l'homme, 2001

107. É. Zola, *Carnets d'enquêtes* (1870-1891), éd. H. Mitterand, Paris, Plon, 1986 (éd. 1991), p. 44, 356, 367, 387, 419, 421, 436.

108. H. de Balzac, *Le Père Goriot* (1834), éd. M. Bouteron, *La Comédie humaine*, II, Paris, Gallimard, 1951, p. 847-1085. Sur l'hylémorphisme de Balzac, cf. C. Harpet, «Métaphores de l'abjection», *Iris*, 2000, n° 19, p. 7-22. Rappelons que *Le Père Goriot* fut dédié par Balzac au naturaliste Étienne Geoffroy Saint-Hilaire.

109. V. Hugo, *Paris* (1867), éd. Y. Gohin, *Œuvres complètes. Politique*, Paris, Robert Laffont, 1985, p. 8, 11 et 13. *Id.*, *Les Misérables* (1862), V, 2, 6, éd. Y. Gohin, Paris, Gallimard, 1973 (éd. 1995), II, p. 663.

110. *Id.*, *Les Misérables*, V, 2, 6, *op. cit.*, II, p. 666. Cité partiellement par W. Benjamin, *Paris, capitale du XIXe siècle*, *op. cit.*, p. 795.

111. F. Chenet-Faugeras, «Du roman comme reliquaire. Conversion, transfiguration et sacralisation des déchets dans *Les Misérables*», *Iris*, 2000, n° 19, p. 31 et *passim*. Cf. également G. Chamarat (dir.), *Les Misérables : Nommer l'innommable*, Orléans, Paradigme, 1994. J.-L. Diaz (dir.), *Victor Hugo, Les Misérables : «La preuve par les abîmes»*, Paris, SEDES, 1994.

112. V. Hugo, *Les Misérables*, V, 2, 1, *op. cit.*, II, p. 645 et 648-649.

113. *Ibid.*, V, 2, 1, *op. cit.*, II, p. 647-649.

114. *Ibid.*, V, 2, 3, *op. cit.*, II, p. 654.

115. Cité par F. Chenet-Faugeras, «Du roman comme reliquaire», art. cit., p. 34.

116. V. Hugo, *Les Misérables*, V, 2, 2, *op. cit.*, II, p. 650-652. Cf. aussi p. 660.

117. *Ibid.*, V, 2, 4, *op. cit.*, II, p. 659.

118. *Ibid.*, V, 2, 6, *op. cit.*, II, p. 667.

119. *Ibid.*, V, 2, 2, *op. cit.*, II, p. 651.

120. *Ibid.*, V, 2, 2, *op. cit.*, II, p. 652-653. Sur le rapport de tout ceci avec l'antique, cf. notamment le poème des *Châtiments* (VII, 4) intitulé « L'égout de Rome ».

121. Cf. G. Deleuze, *Le Pli*, *op. cit.*, p. 31 et *passim*.

122. Pour une approche historique, cf. notamment C. de Silguy, *Histoire des hommes et de leurs ordures, du Moyen Âge à nos jours*, Paris, Le Cherche-Midi, 1996, p. 59-86. Pour une approche philosophique et sociologique, cf. F. Dagognet, *Des détritus, des déchets, de l'abject. Une philosophie écologique*, Le Plessis-Robinson, Institut Synthélabo pour le Progrès de la Connaissance, 1997. J.-C. Beaune (dir.), *Le Déchet, le rebut, le rien*, Seyssel, Champ Vallon, 1999. C. Harpet, *Du déchet. Philosophie des immondices*, Paris, L'Harmattan, 1999.

123. Cf. F. Heilbrun, M. Morris Hambourg et P. Néagu (dir.), *Nadar. Les années créatrices : 1854-1860*, Paris, musée d'Orsay-RMN, 1994, pl. 90-93.

124. Cf. S. de Decker (dir.), *Paris, capitale de la photographie*, *op. cit.*, pl. 32-33.

125. Cf. P. Mellot, *Paris sens dessus dessous. Marville et Nadar : photographies, 1852-1870*, Paris, V & O, 1991, p. 116, 126, 175, 192, 235-237. *Id.*, *Le Nouveau Paris sens dessus dessous. Marville : photographies, 1864-1877*, Paris, Trinckvel, 1995, p. 57, 115-116, 119, 140, 168. M. de Thézy, *Marville : Paris*, Paris, Hazan, 1994, p. 358, 426, 441, etc. Il faut cependant compter avec l'habitude qu'avaient – et qu'ont encore souvent – les photographes de nettoyer les portions de rue à documenter.

126. Cf. Y. Christ, *Le Paris d'Atget*, Paris, Balland, 1971, p. 43-69. M. Morris Hambourg et J. Szarkowski, *The Work of Atget, II. The Art of Old Paris*, New York, The Museum of Modern Art, 1982, p. 89 et 100.

127. C. Baudelaire, « Le peintre de la vie moderne », art. cit., p. 695.

128. Cf. M. Morris Hambourg et J. Szarkowski, *The Work of Atget, IV. Modern Times*, New York, The Museum of Modern Art, 1985, p. 48-50 et 87-95, etc. G. Le Gall, *Atget : Paris pittoresque*, Paris, Hazan, 1998, p. 84-88. H. C. Adam et A. Krase, *Eugène Atget : Paris, 1857-1927*, Cologne, Taschen, 2000, *passim*. Sur l'esthétique et l'anthropologie d'Atget, cf. M. Nesbit, *Atget's Seven Albums*, New Haven-Londres, Yale University Press, 1992. A. Buisine, *Eugène Atget ou la mélancolie en photographie*, Nîmes, Jacqueline Chambon, 1994.

129. L. Moholy-Nagy, *Malerei, Photographie, Film*, Munich, Albert Langen, 1925 (« Bauhausbücher », I-8). Édition revue *Malerei Fotografie Film*, Munich, Albert Langen, 1927. Rééd. sous la direction de O. Stelzer, Mainz-Berlin, Florian Kupferberg, 1967. Trad. C. Wermester, « Peinture Photographie Film », *Peinture Photographie Film et autres écrits sur la photographie*, Nîmes, Jacqueline Chambon, 1993, p. 67-117. *Id.*, « Dynamique de la grande ville. Ébauche d'un film et typophoto », *László Moholy-Nagy*, Marseille-Paris, Musées de Marseille-RMN, 1991, p. 144-159. Ce dernier catalogue contient une biographie et une bibliographie complètes de Moholy-Nagy (*ibid.*, p. 467-527).

130. Je dois cette précision, avec quelques autres, à Olivier Lugon et André Gunthert, que je remercie tous deux chaleureusement. J'ajouterai cette hypothèse : la proximité du regard de Giedion n'est sans doute pas sans importance dans le choix de cette vision urbaine « rapprochée », typiquement *archéologique* au sens de Walter Benjamin, donc du Giedion de *Bauen in Frankreich. Bauen in Eisen, Bauen in Eisenbeton*, Leipzig-Berlin, Klinkhardt & Biermann, 1928 (trad. G. Ballangé, *Construire en France, construire en fer, construire en béton*,

Paris, Éditions de La Villette, 2000), si souvent cité dans *Le Livre des passages*, et dont la maquette de couverture, illustré par le fameux pont transbordeur de Marseille, fut réalisée par Moholy-Nagy à partir d'une photographie prise par Giedion lui-même (l'ouvrage porte, hors pagination, la note suivante : «Jaquette et reliure : L. Moholy-Nagy, également responsable de la typographie et de la mise en page»). À l'heure où j'écris, je ne suis pas en mesure de consulter les archives du grand historien de l'architecture (Archiv S. Giedion-Institut für Geschichte und Theorie der Architektur, Zurich) où, peut-être, se trouve quelque part un «haillon des trottoirs». Il faut se souvenir combien la vision de l'historien de l'art, influencée qu'elle est par l'art de son temps, peut l'influencer en retour : Giedion en fournit l'exemple même, lui qui photographia le fameux pont transbordeur de Marseille avant tous les artistes de l'avant-garde. Cf. A. Haus, «Charpente de la Nouvelle Vision : László Moholy-Nagy, Siegfried Giedion et le pont transbordeur», *Le Pont transbordeur et la vision moderniste*, Marseille-Paris, Musées de Marseille-RMN, 1991, p. 47-48 : «À l'époque [1925], Giedion fut très impressionné par les premières photographies de Moholy, aux perspectives spatiales inhabituelles – "constructivistes" – et, inversement, les prises de Moholy de la tour Eiffel ou de Notre-Dame font ressentir l'influence de l'historien de l'architecture qu'était Giedion. [...] On pourrait qualifier Giedion comme celui qui a "découvert" le pont transbordeur pour l'histoire de l'architecture.» Cf. également B. Millet, «Le pont transbordeur et la vision moderniste», *ibid.*, p. 73-82, ainsi que le catalogue des photographies prises, outre par Giedion et Moholy-Nagy, par Germaine Krull, Herbert Bayer, Florence Henri, Tim Gidal, Roger Parry, Eugen Batz, Ergy Landau, Ladislas Berka ou encore Man Ray dans les années trente. Sur l'œuvre de Giedion, cf. P. Hofer et U. Stucky (dir.), *Hommage à Giedion. Profile seiner Persönlichkeit*, Bâle-Stuttgart, Birkhäuser, 1971 (avec une bibliographie complète p. 187-198). S. Georgiadis, *Siegfried Giedion, eine intellektuelle Biographie*, Zurich, Amman, 1989.

131. F. Roh et J. Tschichold (dir.), *Foto-Auge*, Stuttgart, Akademischer Verlag-Fritz Wedekind, 1929 (rééd. Tübingen, Ernst Wasmuth, 1973), n° 38. Les titres français et anglais inclus dans le recueil sont les suivants : «Égouts de Paris – Paris Drain».

132. F. Roh, *László Moholy-Nagy : 60 Fotos*, Berlin, Klinkhardt & Biermann, 1930, fig. 31.

133. L. Moholy-Nagy, *Von Material zu Architektur*, Munich, Albert Langen, 1929 («Bauhausbücher», 14). Rééd. sous la direction de O. Stelzer, Mainz-Berlin, Florian Kupferberg, 1968, p. 50.

134. Cf. A. Haus, *Moholy-Nagy. Photographies, photogrammes* (1978), trad. D. Messier, Paris, Le Chêne, 1979, p. 58. Les dimensions du tirage en question sont 29 x 20,8 cm.

135. H. Sieker, «Mit 1/25 Sekonde. Zu neuen lichtbildnerischen Büchern und Begebenheiten» (1929), trad. O. Lugon, *La Photographie en Allemagne. Anthologie de textes (1919-1939)*, Nîmes, Jacqueline Chambon, 1997, p. 151-152.

136. W. Petry, «Bindung an die Dinge» (1929), trad. O. Lugon, *ibid.*, p. 154.

137. H. Windish, «1928/29» (éditorial de *Das Deutsche Lichtbild*, 1928), trad. O. Lugon, *ibid.*, p. 149. Cf. également W. Peterhans, «Zum gegenwärtigen Stand der Fotografie» (1930), trad. O. Lugon, *ibid.*, p. 155 : «[...] la photographie est en mesure de nous fournir une image nouvelle des choses et des hommes qui lui est propre, une image d'une intensité bouleversante, et [qu']elle la fournit à travers une *sélection* spécifique *dans la profusion des faits*, fondée sur la particularité absolue de sa technique».

138. O. Lugon, *La Photographie en Allemagne*, *op. cit.*, p. 148.

139. Cf. G. Deleuze, *Spinoza et le problème de l'expression*, Paris, Minuit, 1968. Cf. également, parmi l'abondante bibliographie sur ce problème, C. Donnell-Kotroso, «Representation and

Expression : A False Antinomy », *Journal of Aesthetics and Art Criticism*, XXXIX, 1980, n° 2, p. 163-173.

140. F. Roh, « Mechanismus und Ausdruck », *Foto-Auge*, *op. cit.*, p. 3-7 (texte allemand), 8-13 (version française) et 14-17 (version anglaise).

141. Cf. G. Didi-Huberman, *La Ressemblance informe, ou le Gai savoir visuel selon Georges Bataille*, Paris, Macula, 1995.

142. F. Roh, « Mechanismus und Ausdruck », art. cit., p. 4 et 9.

143. *Ibid.*, p. 5 et 10.

144. *Ibid.*, p. 6 et 11-12.

145. Cf. E. Straus, *Du sens des sens. Contribution à l'étude des fondements de la psychologie* (1935), trad. G. Thinès et J.-P. Legrand, Grenoble, Jérôme Millon, 1989.

146. F. Roh, « Mechanismus und Ausdruck », art. cit., p. 5 et 10.

147. *Ibid.*, p. 5 et 11.

148. W. Benjamin, *Paris, capitale du* XIX*e siècle*, *op. cit.*, p. 831. Cf. G. Didi-Huberman, « L'histoire de l'art à rebrousse-poil. Temps de l'image et "travail au sein des choses" selon Walter Benjamin », art. cit. [désormais repris dans *Devant le temps. Histoire de l'art et anachronisme des images*, *op. cit.*, p. 85-127]. Cf. également A. Cozea, *La Fidélité aux choses. Pour une perspective benjaminienne*, Montréal, Éditions Balzac, 1996.

149. F. Roh, « Mechanismus und Ausdruck », art. cit., p. 6 et 12.

150. S. Giedion, « Préface » [au numéro spécial sur Moholy-Nagy], *Telehor* [Brno], n° 1-2, 1936, cité par K. Passuth, *Moholy-Nagy* (1982), trad. V. Charaire, Paris, Flammarion, 1984, p. 416. Cf. également A. Haus, *Moholy-Nagy*, *op. cit.*, p. 32-35.

151. A. Haus, *Moholy-Nagy*, *op. cit.*, pl. 6-52, 71-79, 81-90, etc. K. Passuth, *Moholy-Nagy*, *op. cit.*, p. 145, 151, 176, etc.

152. Cf. *László Moholy-Nagy*, *op. cit.*, p. 246-251 et 411. La série *Berliner Stilleben*, de 1931, est partiellement reproduite *ibid.*, p. 253-255.

153. L. Moholy-Nagy, « Marseille » (vers 1929), trad. V. Charaire, *László Moholy-Nagy*, *op. cit.*, p. 408.

154. *Id.*, « La photographie inédite » (1927), trad. C. Wermester, *Peinture Photographie Film et autres écrits sur la photographie*, *op. cit.*, p. 147.

155. Cf. F. Roh et J. Tschichold (dir.), *Foto-Auge*, *op. cit.*, où les vues plongeantes sont particulièrement nombreuses. Cf. aussi les travaux récents de O. Lugon, « Le marcheur. Piétons et photographes au sein des avant-gardes », *Études photographiques*, 2000, n° 8, p. 69-91, ainsi que la synthèse de M. Fréchuret et T. Davila (dir.), *Un siècle d'arpenteurs. Les figures de la marche*, Antibes-Paris, musée Picasso-RMN, 2000, où on lira notamment la contribution de P. Falguières, « Mécaniques de la marche. Pour une pathétique des images animées », *ibid.*, p. 63-110.

156. L. Moholy-Nagy, « Dynamique de la grande ville. Ébauche d'un film et typophoto », art. cit., p. 144-159. Rappelons que la première version (en hongrois) de *Dynamique de la grande ville* date de 1921-1922. Elle est reproduite par K. Passuth, *Moholy-Nagy*, *op. cit.*, p. 154-157. Rappelons aussi que *L'Homme à la caméra* de Dziga Vertov date de 1929.

157. L. Moholy-Nagy, « Dynamique de la grande ville. Ébauche d'un film et typophoto », art. cit., p. 144 (cité ici dans la traduction de C. Wermester, *Peinture Photographie Film et autres écrits sur la photographie*, *op. cit.*, p. 116-117).

158. *Ibid.*, p. 147-159.

159. *Ibid.*, p. 152.

160. *Ibid.*, p. 150.

161. *Id.*, «Projets de scénarios» (vers 1928), trad. V. Charaire, *László Moholy-Nagy*, *op. cit.*, p. 406-407. Cf. également K. Passuth, *Moholy-Nagy*, *op. cit.*, p. 306-307.

162. Cf. *László Moholy-Nagy*, *op. cit.*, p. 246-255. K. Passuth, «Moholy-Nagy, *Marseille, Vieux-Port*, 1929», *Le Pont transbordeur et la vision moderniste*, *op. cit.*, p. 63-71. Je remercie Christophe Bichon, de *Light Cone*, pour m'avoir permis de visionner ces films. Sur Paris comme objet de prédilection pour le cinéma d'avant-garde dans les années vingt, cf. P. Hillairet, C. Lebrat et P. Rollet (dir.), *Paris vu par le cinéma d'avant-garde, 1923-1983*, *op. cit.*, qui recense 26 films réalisés entre 1923 et 1930. Sur l'importance de l'«objet-fragment» comme motif de ces films – notamment chez Fernand Léger, Abel Gance ou Jean Epstein –, cf. N. Ghali, *L'Avant-garde cinématographique en France dans les années vingt. Idées, conceptions, théories*, Paris, Éditions Paris Expérimental, 1995, p. 237-251.

163. L. Moholy-Nagy, «Nouvelles expériences cinématographiques» (1933), cité par K. Passuth, *Moholy-Nagy*, *op. cit.*, p. 322.

164. *Id.*, «Photographie, forme objective de notre temps» (1936), trad. C. Wermester, *Peinture Photographie Film et autres écrits sur la photographie*, *op. cit.*, p. 195. Cf. déjà *id.*, «Peinture Photographie Film» (1925), *ibid.*, p. 92-94, et *id.*, «Nouvelles méthodes en photographie» (1928), *ibid.*, p. 158-164. Sur les conceptions de Moholy-Nagy concernant les rapports entre photographie et cinéma, cf. notamment A. Haus, *Moholy-Nagy*, *op. cit.*, p. 8-11. *Moholy-Nagy and the New Vision*, Tokyo, Metropolitan Museum of Photography, 1990, *passim*. G. Rondolino, «László Moholy-Nagy : peinture, photographie, film», *László Moholy-Nagy*, *op. cit.*, p. 29-43.

165. L. Moholy-Nagy, *Von Material zu Architektur*, *op. cit.*, p. 50.

166. *Ibid.*, p. 34-58.

167. *Ibid.*, p. 50-51.

168. *Id.*, «La photographie, ce qu'elle était, ce qu'elle devra être» (1929), *Peinture Photographie Film et autres écrits sur la photographie*, *op. cit.*, p. 179. Sur l'esthétique du photogramme chez Moholy-Nagy, cf. H. Molderings, «Années-lumière d'une vie. Le photogramme dans l'esthétique de László Moholy-Nagy», trad. P. Kermann, *László Moholy-Nagy. Compositions lumineuses, 1922-1943*, Paris, Centre Georges Pompidou, 1995, p. 5-12.

169. Cf. S. de Decker (dir.), *Paris, capitale de la photographie*, *op. cit.*, p. 149, 188 et 219, où l'on peut voir des images approchantes dues à Jean Moral (1931), Gaston Paris (1936) ou Willy Ronis (1948). Imre Kinsky a aussi photographié les caniveaux de Paris en 1933. Cf. également K. Sichel, *Photographs of Paris, 1928-1934 : Brassaï, André Kertész, Germaine Krull and Man Ray*, Ann Arbor, Yale University Press, 1986.

170. Cf. G. T. Fechner, *Elemente der Psychophysik*, Leipzig, Breitkopf & Härtel, 1860 (2e éd., 1889). La tradition «psychophysique» allemande est bien décrite, entre autres, par T. Ribot, *La Psychologie allemande contemporaine*, Paris, Baillière, 1879.

171. L. Moholy-Nagy, «Surréalisme et photographie» (1943), trad. J. Kempf et G. Dallez, *Peinture Photographie Film et autres écrits sur la photographie*, *op. cit.*, p. 223.

172. *Id.*, «Photographie, forme objective de notre temps», art. cit., p. 196. Ces phrases de Moholy-Nagy permettent, me semble-t-il, de mieux comprendre la nécessité des approches *sérielles* du «haillon des trottoirs» chez Steve McQueen et, surtout, chez Alain Fleischer.

173. Cf. S. Freud, « Au-delà du principe de plaisir » (1920), trad. J. Laplanche et J.-B. Pontalis, *Essais de psychanalyse*, Paris, Payot, 1981, p. 41-115, ainsi que les passages célèbres de J. Lacan, *Le Séminaire, XI. Les quatre concepts fondamentaux de la psychanalyse* (1964), éd. J.-A. Miller, Paris, Le Seuil, 1973, p. 19-62 (« L'inconscient et la répétition »).

174. L. Moholy-Nagy, « Surréalisme et photographie », art. cit., p. 229.

175. R. E. Krauss, « Photographie et surréalisme » (1981), trad. M. Bloch, *Le Photographique. Pour une théorie des écarts*, Paris, Macula, 1990, p. 100-124, notamment p. 121-122 : « À travers toute l'Europe, dans les années 20 et 30 le regard photographique fut célébré comme une forme particulière de regard, que Moholy-Nagy appela la "Nouvelle Vision". De l'Inkhouk au Bauhaus en passant par les ateliers de Montparnasse, la Nouvelle Vision était comprise de la même façon. [...] [Cela] témoigne de la cohérence incroyable de la photographie européenne de cette période. »

176. Y.-A. Bois et R. E. Krauss, *L'Informe mode d'emploi*, Paris, Centre Georges Pompidou, 1996, p. 22-24.

177. *Ibid.*, p. 25. Tout le travail photographique et filmique de Moholy-Nagy sur l'horizontalité, l'écrasement des objets, le primat du sol, est absent de ces réflexions de Y.-A. Bois et R. E. Krauss. Non moins que son texte sur l'inconscient et la photographie.

178. L. Moholy-Nagy, « Surréalisme et photographie », art. cit., p. 229. Je souligne.

179. S. Giedion, *La Mécanisation au pouvoir. Contribution à l'histoire anonyme* (1948), trad. P. Guivarch, Paris, Centre Georges Pompidou-Centre de création industrielle, 1980 (rééd. Paris, Denoël-Gonthier, 1983).

180. *Id.*, *L'Éternel présent : la naissance de l'art. Constance et changement : une contribution* (1964), trad. E. Bille-De Mot, Bruxelles, Éditions de la Connaissance, 1965.

181. Cf. G. Didi-Huberman, *L'Image survivante*, *op. cit.*, p. 51-70.

182. *Ibid.*, p. 71-90 et 103-114.

183. S. Giedion, *L'Éternel présent : la naissance de l'art*, *op. cit.*, p. 5.

184. W. Benjamin, *Paris, capitale du XIXe siècle*, *op. cit.*, p. 831.

185. *Ibid.*, p. 893.

186. *Ibid.*, p. 686 (citant Alfred Gotthold Meyer).

187. *Ibid.*, p. 559 (citant Remy de Gourmont).

188. *Ibid.*, p. 561 (où le mot « intermédiaire » est écrit en français dans le texte original).

189. *Ibid.*, p. 43, 65-87, 190-219, etc.

190. *Ibid.*, p. 94-95, 146-147, 150, 241, 409, 474-475, 523-524, 559, 895, etc.

191. *Ibid.*, p. 455.

192. *Ibid.*, p. 438.

193. *Ibid.*, p. 358 et 361.

194. *Ibid.*, p. 856.

195. *Ibid.*, p. 364-365 (citant Baudelaire).

196. *Ibid.*, p. 224-225.

197. *Ibid.*, p. 360.

198. *Ibid.*, p. 225.

199. *Ibid.*, p. 42-43.

200. C. Baudelaire, *Les Fleurs du mal* (1861), éd. C. Pichois, *Œuvres complètes*, I, Paris, Gallimard, 1975, p. 11 («Correspondances»).

201. *Id.*, *Fusées* (1860-1865), éd. C. Pichois, *ibid.*, p. 651. Cf. également *id.*, *Le Spleen de Paris* (1869), éd. C. Pichois, *ibid.*, p. 291 («Les foules»).

202. *Id.*, *Les Fleurs du mal*, *op. cit.*, p. 106-107 («Le vin des chiffonniers»).

203. *Ibid.*, p. 18 («Bohémiens en voyage»).

204. *Ibid.*, p. 87-92 («Les sept vieillards», «Les petites vieilles», «Les aveugles»).

205. *Ibid.*, p. 92-93 («À une passante»). Cf. *ibid.*, p. 29 («Avec ses vêtements ondoyants et nacrés...»).

206. *Ibid.*, p. 83-85 («À une mendiante rousse»).

207. W. Benjamin, *Paris, capitale du* XIX*e siècle*, *op. cit.*, p. 353.

208. *Ibid.*, p. 417. Cf. aussi p. 117 (citant Charles Péguy : «Soyez persuadé que quand Hugo voyait le mendiant sur la route, il le voyait ce qu'il est, réellement ce qu'il est réellement, le mendiant antique, le suppliant antique... sur la route antique»), et 390-392 (sur Baudelaire, le haillon et l'allégorie).

209. Cf. K. Sichel, *Germaine Krull, Photographer of Modernity*, Cambridge-Londres, The MIT Press, 1999, p. 159-170.

210. *Ibid.*, p. 49-59.

211. *Ibid.*, p. 186-195. Les publications originales de ces photographies se trouvent dans «Clochards, par Germaine Krull», *Variétés*, I, 15 décembre 1928, p. 422-424. H. Danjou, «Les clochards dans les bas-fonds de Paris – ceux de la "Maubert"», *Vu*, 1928, n° 31, p. 688-690. «Le congrès des vagabonds», *Variétés*, II, 15 juin 1929, p. 160.

212. W. Benjamin, *Paris, capitale du* XIX*e siècle*, *op. cit.*, p. 534.

213. *Ibid.*, p. 345.

214. C. Baudelaire, *Les Fleurs du mal*, *op. cit.*, p. 27 («La chevelure»). Cf. *id.*, *Le Spleen de Paris*, *op. cit.*, p. 301 : «Quand je mordille tes cheveux élastiques et rebelles, il me semble que je mange des souvenirs.»

215. *Id.*, *Les Fleurs du mal*, *op. cit.*, p. 14 («La Muse malade»).

216. *Ibid.*, p. 5 («Au lecteur»).

217. *Ibid.*, p. 111-114 («La Destruction», «Une martyre. Dessin d'un maître inconnu», «Femmes damnées»).

218. *Id.*, *Le Spleen de Paris*, *op. cit.*, p. 372-374 («Reliquat»).

219. *Id.*, *Les Fleurs du mal*, *op. cit.*, p. 29 («Avec ses vêtements ondoyants et nacrés...»).

220. *Ibid.*, p. 29-30 («Le serpent qui danse»).

221. *Ibid.*, p. 31-32 («Une charogne»).

222. E. Fuchs, *Geschichte der erotischen Kunst. Das individuelle Problem* (1928), Berlin, Klaus Guhl, 1977, p. 278. Le tableau est reproduit sous le titre *Das Ende eines Liebesroman*. Je n'ai pu – malgré l'aimable coopération de Dominique Lobstein, chargé d'études documentaires au musée d'Orsay – dater exactement ni localiser ce tableau, dont la reproduction se trouve dans l'*Album photographique Braun. Peintures modernes, 1889-II*, Paris, documentation du musée d'Orsay. Sur la « chute de *Ninfa* » dans sa version fin de siècle, cf. notamment G. Ducrey, *Corps et graphies. Poétique de la danse et de la danseuse à la fin du XIX*^e^ *siècle*, Paris, Honoré Champion, 1996, p. 38-45 (« Chutes de fées »), 100-108 (« La danseuse en grille d'égout »), 139-149 (« Spectres, fantômes, revenantes »), etc.

223. Cf. les deux volumes de *Documents* (1929-1930), rééd. préfacée par D. Hollier, Paris, Jean-Michel Place, 1991.

224. Cf. G. Didi-Huberman, *La Ressemblance informe*, *op. cit.*, *passim.*

225. Cf. G. Bataille, « Figure humaine », *Documents*, 1929, n° 4, p. 194-201. *Id.*, « Malheur », *ibid.*, 1929, n° 5, p. 275-278. Des publications telles que *L'Œil de la police* (à Paris) ou *X Marks the Spot* (à Chicago) ont aussi été utilisées par Bataille : cf. *id.*, « Œil », *ibid.*, 1929, n° 4, p. 215-217, et « X Marks the Spot », *ibid.*, 1930, n° 7, p. 437-438.

226. *Id.*, « Malheur », *ibid.*, 1929, n° 5, p. 275-278.

227. P. Mac Orlan, « Photographie. Éléments de fantastique social », *Le Crapouillot*, 1929, n° 1, p. 4.

228. *Ibid.*, p. 4-5. Cf. également *id.*, « La photographie et le fantastique social », *Les Annales*, 1928, n° 1, p. 413-414.

229. Cf. G. Didi-Huberman, *La Ressemblance informe*, *op. cit.*, p. 380-383 (*Documents* avec *Mnemosyne*, Bataille avec Warburg).

230. G. Bataille, « Informe », *Documents*, 1929, n° 7, p. 382.

231. M. Griaule, « Métamorphose, 1. Jeux abyssins », *ibid.*, 1929, n° 6, p. 332-333.

232. M. Leiris, « Métamorphose, 2. Hors de soi », *ibid.*, p. 333.

233. G. Bataille, « Métamorphose, 3. Animaux sauvages », *ibid.*, p. 333-334.

234. *Id.*, « L'Amérique disparue » (1928), *Œuvres complètes*, I, Paris, Gallimard, 1970, p. 157. La même année – 1928 –, Benjamin commentait en ces termes la « vision de l'amour » perceptible dans le roman de Julien Green *Adrienne Mesurat* : « [...] c'est une figure à mi-chemin de la femme de ménage et de l'Érinye, tordant entre ses mains puissantes sa serpillière mouillée : le corps humain, jusqu'à ce que la dernière goutte de vie en soit sortie ». W. Benjamin, « *Adrienne Mesurat* » (1928), trad. R. Rochlitz, *Œuvres*, II, Paris, Gallimard, 2000, p. 112. Je remercie Maxime Prodromidès d'avoir attiré ce texte à mon attention.

235. G. Bataille, « Abattoir », *Documents*, 1929, n° 6, p. 329.

236. Cf. S. M. Eisenstein, *Mémoires* (1946), trad. J. Aumont, M. Bokanowski et C. Ibrahimoff, Paris, Julliard, 1989, p. 270 (qui rapporte une visite aux abattoirs de La Villette lors de son voyage à Paris au début de 1930). Sur l'analogie entre les images de Lotar et celles d'Eisenstein, cf. G. Didi-Huberman, *La Ressemblance informe*, *op. cit.*, p. 293-295. Sur la scène d'abattoirs dans *Dynamique de la grande ville*, cf. L. Moholy-Nagy, « Dynamique de la grande ville », art. cit., p. 157 : « Abattoirs. Animaux. Bœufs hurlant. Les machines des salles frigorifiques. » Quant à l'admirable documentaire de Georges Franju sur La Villette, *Le Sang des bêtes*, il date de 1948.

237. Cf. S. Giedion, *La Mécanisation au pouvoir*, *op. cit.*, p. 191-222 (rééd. cit., I, p. 230-266) (« La mécanisation et la mort : la viande »).

238. Cf. A. Lionel-Marie et A. Sayag (dir.), *Éli Lotar*, Paris, Centre Georges Pompidou-Musée national d'art moderne, 1993, p. 63, 67-69, 74-75, 85. Pour une approche globale de ce moment photographique, cf. C. Bouqueret, *Des années folles aux années noires. La nouvelle* *vision photographique en France, 1920-1940*, Paris, Marval, 1997, p. 57-64. Cf. également le film plus tardif d'Éli Lotar, *Aubervilliers* (1945), consacré à la misère des banlieues, et dont le commentaire était dû à Jacques Prévert (merci à Christophe Bichon de me l'avoir fait découvrir à *Light Cone*).

239. É. Lotar, « La viande. Huit photos prises à l'abattoir par Éli Lotar », *Variétés*, II, 1930, n° 12, non paginé. C. Rim, « La Villette rouge », *Vu*, n° 166, 1931, p. 698-700. Sur cet ensemble et sur son contexte, cf. B. Stiegler, « Schlachthäuser in Kunstzeitschriften. Fotografie und Kulturwissenschaft in den 20er und 30er Jahren », *Fotogeschichte. Beiträge zur Geschichte und Ästhetik der Fotografie*, XX, 2000, n° 77, p. 37-57.

240. C. Rim, « La Villette rouge », art. cit., p. 699-700.

241. *Ibid.*, p. 698-700.

242. G. Bataille, « Chameau », *Documents*, 1929, n° 5, p. 275.

243. *Id.*, « Homme », *ibid.*, p. 275-276.

244. W. Benjamin, « Expérience et pauvreté » (1933), trad. P. Rusch, *Œuvres*, II, Paris, Gallimard, 2000, p. 365-366 et 372.

245. Il est, par-delà les déferlements de tissus aux portes du « Canada » – images dont Christian Boltanski reprendra, plus tard, le motif –, un autre trait frappant des photographies prises à la libération des camps, en 1945 : les charniers donnent souvent à voir quelque chose que l'on identifie d'abord comme un grand terrain de haillons d'où, tout à coup, les cadavres deviennent visibles. Cf. notamment les images de Snalislaw Mucha, Norman Midgley ou George Rodger dans C. Chéroux (dir.), *Mémoire des camps. Photographies des camps de concentration et d'extermination nazis (1933-1999)*, Paris, Marval, 2001, p. 101-173.

246. W. Benjamin, « Expérience et pauvreté », art. cit., p. 372.

247. G. Bataille, « L'abjection et les formes misérables » (vers 1939), *Œuvres complètes*, II, Paris, Gallimard, 1970, p. 217-219, dont les notes (*ibid.*, p. 438-439) font référence à l'essai d'Aurel Kolnai, « Der Ekel », *Jahrbuch für Philosophie und phänomenologische Forschung*, X, 1929 (trad. O. Cossé, *Le Dégoût*, Paris, Agalma, 1997).

248. G. Bataille, « L'art, exercice de cruauté » (1949), *Œuvres complètes*, XI, Paris, Gallimard, 1988, p. 480-486, où se trouvent soulignées les valeurs fascinantes de la destruction : « [...] la destruction fulgurante est, dans le piège de la vie, l'appât qui ne manque pas de nous attirer. [...] Mais quelles raisons avons-nous d'être séduits par la chose même qui pour nous signifie, d'une façon fondamentale, un dommage, qui même a le pouvoir d'évoquer la perte plus entière que nous subirons dans la mort ? » (*ibid.*, p. 483).

249. P. Fédida, *Par où commence le corps humain. Retour sur la régression*, Paris, PUF, 2000.

250. W. Benjamin, « Expérience et pauvreté », art. cit., p. 372 : « Dans leurs bâtiments, leurs tableaux et leurs récits, l'humanité [avec les œuvres de l'art moderne] s'apprête à survivre, s'il le faut, à la civilisation. Et, surtout, elle le fait en riant. »

251. *Id.*, Lettre n° 47 à Herbert Belmore (1916), trad. G. Petitdemange, *Correspondance, I. 1910-1928*, Paris, Aubier-Montaigne, 1979, p. 122.

252. Cf. A. Sayag et A. Lionel-Marie (dir.), *Brassaï*, Paris, Centre Georges Pompidou-Le Seuil, 2000, p. 106-111 et 120-121. La première série de nus fut publiée dans M. Raynal, « Variété du corps humain », *Minotaure*, n° 1, 1933, p. 41-44. La seconde fut intégrée dans un montage de S. Dalí, « Le phénomène de l'extase », *ibid.*, n° 3-4, 1933, p. 76-77.

253. Cf. A. Sayag et A. Lionel-Marie (dir.), *Brassaï*, *op. cit.*, p. 17, 20-21, 23, 60-61, 69-81, 232, 248-251.

254. *Ibid.*, p. 35-43, 49-50, 53, 150, 226-227, 256-269.

255. *Ibid.*, p. 131-133. Cf. S. Dalí, « De la beauté terrifiante et comestible, de l'architecture Modern' Style », *Minotaure*, n° 3-4, 1933, p. 69-77, article dont « Le phénomène de l'extase » fait partie intégrante.

256. Brassaï, « Du mur des cavernes au mur d'usine », *Minotaure*, n° 3-4, 1933, p. 6.

257. XXX *[sic]*, « Sculptures involontaires », *ibid.*, p. 68. Cf. Brassaï, *Conversations avec Picasso*, Paris, Gallimard, 1964, p. 49 : « Je collaborai encore avec Dalí pour le *Phénomène de l'extase* et les *Sculptures involontaires* : billets d'autobus, tickets de métro roulés, tordus instinctivement ; morceaux de savon, de coton hydrophile "sculptés" par l'automatisme… »

258. Cf. G. Didi-Huberman, *L'Empreinte*, Paris, Centre Georges Pompidou, 1997, p. 159-179.

259. Les épreuves-contacts des Archives Brassaï portent l'indication : « Objets automatiques photographiés en collaboration avec S. Dalí en 1933. »

260. XXX *[sic]*, « Sculptures involontaires », art. cit., p. 68. Quelques pages plus loin, dans le même numéro de *Minotaure*, se trouve, significativement, l'article de T. Tzara, « D'un certain automatisme du goût », *ibid.*, p. 81-84, illustré de deux photographies de chapeaux féminins par Man Ray.

261. Plus tard – au début des années quarante –, Joan Miró collectionnera les morceaux de savon usagés pour en faire les matrices d'agrandissements sculpturaux. Cf. G. Didi-Huberman, *L'Empreinte*, *op. cit.*, p. 211-212.

262. XXX *[sic]*, « Sculptures involontaires », art. cit., p. 68.

263. Brassaï, *Conversations avec Picasso*, *op. cit.*, p. 165-166. Cf. l'inestimable documentation réunie par A. Baldassari (dir.), *Brassaï / Picasso. Conversations avec la lumière*, Paris, musée Picasso-RMN, 2000, p. 168-311. Cf. également W. Spies, *Les Sculptures de Picasso*, Lausanne, Clairefontaine, 1971, p. 141 (« Le recours à la texture moulée »). *Id.* (dir.), *Picasso sculpteur*, Paris, Centre Georges Pompidou, 2000, p. 194-206 (« Équations et combinaisons de textures informelles »).

264. Cf. A. Sayag et A. Lionel-Marie (dir.), *Brassaï*, *op. cit.*, p. 124-127.

265. G. Deleuze, *Le Pli*, *op. cit.*, p. 49-50.

266. *Ibid.*, p. 19 et 25.

267. Cf. G. Didi-Huberman, « L'histoire de l'art est une discipline anachronique » (1995), *Le Genre humain*, 2000, n° 35, p. 291-301 (Robert Morris avec Donatello). *Id.*, *L'Étoilement. Conversation avec Hantaï*, Paris, Minuit, 1998.

268. Cf. notamment les contributions réunies sur le thème des « Formes du primitif » dans *L'Inactuel. Psychanalyse et culture*, N. S., n° 3, 1999.

269. Cicéron, *Topiques*, VIII, 35, trad. H. Bornecque, Paris, Les Belles Lettres, 1960, p. 78.

270. Cf. C. Devillers, « Formes intermédiaires (chaînons manquants) », *Dictionnaire du darwinisme et de l'évolution*, dir. P. Tort, Paris, PUF, 1996, II, p. 1710-1713.

271. Cf. notamment L. Réau, *Histoire du vandalisme. Les monuments détruits de l'art français* (1958), éd. augmentée par M. Fleury et G.-M. Leproux, Paris, Laffont, 1994. D. Freedberg, *Iconoclasts and their Motives*, Maarssen, Schwartz Montclair, 1985. O. Christin, *Une révolution symbolique. L'iconoclasme huguenot et la reconstruction catholique*,

Paris, Minuit, 1991. A. Besançon, *L'Image interdite. Une histoire intellectuelle de l'iconoclasme*, Paris, Fayard, 1994.

272. Cf. P. P. Bober et R. Rubinstein, *Renaissance Artists and Antique Sculpture. A Handbook of Sources*, *op. cit.* F. Haskell et N. Penny, *Taste and the Antique. The Lure of Classical Sculpture*, New Haven-Londres, Yale University Press, 1981.

273. Cf. J. von Schlosser, « Ein Lebenskommentar » (1924), trad. G. Federici Ajroldi, *La storia dell'arte nelle esperienze e nei ricordi di uno suo cultore*, Bari, Laterza, 1936, p. 14-16.

274. Donnons seulement deux exemples : la toute première enquête de Warburg sur Botticelli (sa thèse, publiée en 1893) fut accompagnée d'un long questionnement théorique inédit, intitulé *Grundlegende Bruchstücke zu einer monistischen Kunstpsychologie* (1888-1905), Londres, Warburg Institute Archive, III. 43. 1-2 [dactylographie]. À l'autre bout de son parcours, l'entreprise de *Mnemosyne* sera, elle, accompagnée de notes inédites dont les titres sont, à eux seuls, révélateurs : *Allgemeine Ideen* (1927), Londres, Warburg Institute Archive, III, 102.1, et *Grundbegriffe, I-II* (1928-1929), Londres, Warburg Institute Archive, III, 102.3-4.

275. J. von Schlosser, *Histoire du portrait en cire* (1911), trad. É. Pommier, Paris, Macula, 1997. Cf. G. Didi-Huberman, « Viscosités et survivances. L'histoire de l'art à l'épreuve du matériau », *Critique*, 1998, n° 611, p. 138-162.

276. A. Warburg, « L'art du portrait et la bourgeoisie florentine. Domenico Ghirlandaio à Santa Trinita. Les portraits de Laurent de Médicis et de son entourage » (1902), trad. S. Muller, *Essais florentins*, *op. cit.*, p. 101-135. Cf. G. Didi-Huberman, « Ressemblance mythifiée et ressemblance oubliée chez Vasari : la légende du portrait "sur le vif" », *Mélanges de l'École française de Rome – Italie et Méditerranée*, CVI, 1994, n° 2, p. 383-432.

277. E. A. Poe, « La lettre volée » (1844), trad. C. Baudelaire, *Contes, essais, poèmes*, éd. C. Richard, Paris, Laffont, 1989, p. 819-834, et son célèbre commentaire par J. Lacan, « Le séminaire sur "la Lettre volée" », *Écrits*, Paris, Le Seuil, 1966, p. 11-61.

278. C. Baudelaire, « Notes nouvelles sur Edgar Poe » (1857), éd. C. Pichois, *Œuvres complètes*, II, *op. cit.*, p. 329 (cité partiellement par W. Benjamin, *Paris, capitale du XIXe siècle*, *op. cit.*, p. 300).

279. *Ibid.*, p. 323.

280. Cf. R. Klein, « Saturne : croyances et symboles » (1964), *La Forme et l'intelligible. Écrits sur la Renaissance et l'art moderne*, Paris, Gallimard, 1970, p. 224 (« Cet historien [Warburg] a créé une discipline qui, à l'inverse de tant d'autres, existe mais n'a pas de nom »). G. Agamben, « Aby Warburg et la science sans nom » (1984), trad. M. Dell'Omodarme, *Image et mémoire*, Paris, Hoëbeke, 1998, p. 9-43.

281. A. Warburg, « *La Naissance de Vénus* et *Le Printemps* de Sandro Botticelli », art. cit., p. 47-100.

282. *Ibid.*, p. 62.

283. E. Panofsky, *Essais d'iconologie. Thèmes humanistes dans l'art de la Renaissance* (1939), trad. C. Herbette et B. Teyssèdre, Paris, Gallimard, 1967, p. 26-27.

284. A. Warburg, *Ninfa fiorentina*, *op. cit.* Cf. S. Contarini, « "Botticelli ritrovato" : frammenti di dialogo tra Aby Warburg e André Jolles », *Prospettiva*, n° 68, 1992, p. 87-93.

285. *Id.*, *Gesammelte Schriften, II-1. Der Bilderatlas Mnemosyne*, *op. cit.* Cf. D. Bauerle, « *Gespenstergeschichten für ganz Erwachsene* » : *Ein Kommentar zu Aby Warburgs Bilderatlas Mnemosyne*, Münster, Lit, 1988. P. van Huisstede, « Der Mnemosyne-Atlas. Ein Laboratorium der Bildergeschichte », *Aby M. Warburg. « Ekstatische Nymphe… trauernder*

Flussgott». *Portrait eines Gelehrten*, dir. R. Galitz et B. Reimers, Hambourg, Dölling und Galitz, 1995, p. 130-171. C. Schoell-Glass, « "Serious Issues" : The Last Plates of Warburg's Picture Atlas *Mnemosyne*», *Art History as Cultural History. Warburg's Projects*, dir. R. Woodfield, Amsterdam, G+B Arts International, 2001, p. 183-208. G. Didi-Huberman, *L'Image survivante*, *op. cit.*, p. 452-505.

286. Pour d'autres analogies cinématographiques du savoir warburgien, cf. P.-A. Michaud, *Aby Warburg et l'image en mouvement*, Paris, Macula, 1998, p. 37-64. *Id.*, «*Zwischenreich. Mnemosyne*, ou l'expressivité sans sujet», *Les Cahiers du Musée national d'art moderne*, 1999-2000, n° 70, p. 43-61.

287. Il s'agit d'un détail des *Massacres de Scio*, reproduit par Warburg d'après une copie qui se trouve à la Galerie nationale de Prague.

288. E. Delacroix, *Médée*, 1838. Lille, musée des Beaux-Arts.

289. Cf. G. Didi-Huberman, *La Ressemblance informe*, *op. cit.*, p. 379-383.

290. A. Warburg, «Albrecht Dürer et l'Antiquité italienne» (1906), trad. S. Muller, *Essais florentins*, *op. cit.*, p. 159-166.

291. Bien au-delà, donc, du travail strictement historique proposé par J. Seznec, *La Survivance des dieux antiques. Essai sur le rôle de la tradition mythologique dans l'humanisme et dans l'art de la Renaissance* (1940), Paris, Flammarion, 1980. Au-delà, également, du trop «noble» destin de *Ninfa* analysé par Erwin Panofsky sur la calandre des automobiles de luxe. Cf. E. Panofsky, «Les antécédents idéologiques de la calandre Rolls-Royce» (1963), trad. B. Turle, *Trois Essais sur le style*, Paris, Gallimard-Le Promeneur, 1996, p. 147-189.

292. W. Benjamin, *Paris, capitale du XIXe siècle*, *op. cit.*, p. 481. Cf. G. Didi-Huberman, *Devant le temps*, *op. cit.*, p. 111-127.

293. Cf. W. Lambrinudakis et al., «Apollon», *Lexicon iconographicum mythologiae classicae, II-1*, Zürich-Munich, Artemis, 1984, p. 183-327, et *ibid.*, *II-2*, p. 182-353, qui ne donne aucun exemple iconographique d'Apollon endormi. Mais l'article, il est vrai, ne traite que de la période classique. Le caractère inusité du thème frappait déjà l'éditeur de cette œuvre, A. Pigler, «A New Picture by Lorenzo Lotto : *The Sleeping Apollo*», *Acta Historiae Artium Academiae Scientiarum Hungaricae*, I, 1953, p. 165-168 : «The subject, moreover, is unique in the profane iconography of modern times. [...] The source of the subject is at present unknown [...], it does not derive from a classical legend.» Treize ans plus tard, l'énigme continuait d'intriguer M. Meiss, «Sleep in Venice. Ancient Myths and Renaissance Proclivities», art. cit., p. 358 : «The *concetto* seems not to have antique precedents [...].» Pour une bibliographie postérieure, cf. S. Giani, «Lorenzo Lotto : bibliografia 1874-1995», *Bergomum*, XCI, 1996, n° 1, p. 5-45.

294. C'est en ce sens que l'œuvre a été incluse dans la remarquable exposition organisée par E. Mai (dir.), *Das Capriccio als Kunstprinzip. Zur Vorgeschichte der Moderne von Arcimboldo und Callot bis Tiepolo und Goya*, Vienne-Milan, Kunsthistorisches Museum-Skira, 1996, p. 206-207. En revanche, le tableau n'est signalé ni par F. Caroli, *Lorenzo Lotto*, Florence, Il Fiorino, 1975, ni par P. Humfrey, *Lorenzo Lotto*, trad. A. Sautier-Greening et B. de Brimont, Paris, Gallimard, 1997, ni dans la rétrospective organisée par D. A. Brown (dir.), *Lorenzo Lotto (1480-1557)*, Paris, Galeries nationales du Grand Palais-RMN, 1998.

295. Cf. notamment V. Cartari, *Imagini delli dei de gl'Antichi* (1556), éd. W. Koschatzky [d'après l'éd. 1647], Graz, Akademische Druck-u. Verlagsanstalt, 1963, p. 30 («Apollo in mezzo delle Muse»). Sur l'iconographie classique d'Apollon musagète (où il ne dort jamais et où elles sont toujours présentes, dans leurs robes bien sûr), cf. A. Queyrel, «Mousa, mousai», *Lexicon iconographicum mythologiae classicae, VI-1*, Zürich-Munich, Artemis, 1992, p. 662-666, et *ibid.*, *VI-2*, p. 386-394.

296. L. Lotto, *Libro di spese diverse (1538-1556) con aggiunta di lettere e d'altri documenti*, éd. P. Zampetti, Venise-Rome, Istituto per la Collaborazione culturale, 1969, p. 18-19, 68-69, 100, 128 et 167.

297. Cf. B. Berenson, *Lorenzo Lotto. Complete Edition*, Londres, Phaidon, 1956, p. 130 (qui parle de « charming composition »). K. Garas, *The Budapest Gallery. Paintings in the Museum of Fine Arts*, Budapest, Corvina, 1977, p. 80 (qui parle de « fresh lyricism »).

298. Cf. A. Pigler, « A New Picture by Lorenzo Lotto : *The Sleeping Apollo* », art. cit., p. 168 (qui parle de « slumberous atmosphere »).

299. Cf. M. Meiss, « Sleep in Venice. Ancient Myths and Renaissance Proclivities », art. cit., p. 358 : « The painting could be an allegory of the deterioration of the arts in the Middle Ages, or simply of their decline under a rival contemporary patron. »

300. Cf. C. Baudelaire, « Fusées » (1860-1865), *Œuvres complètes*, I, *op. cit.*, p. 659 : « Comme je traversais le boulevard, et comme je mettais un peu de précipitation à éviter les voitures, mon auréole s'est détachée et est tombée dans la boue du macadam. J'eus heureusement le temps de la ramasser ; mais cette idée malheureuse se glissa un instant après dans mon esprit, que c'était un mauvais présage. »

301. Cf. A. Gentili, *I giardini di contemplazione. Lorenzo Lotto, 1503-1512*, Rome, Bulzoni, 1985, p. 84-93. F. Cortesi Bosco, « *Divina vigilia* : il sonno vigilante dell'anima nel dipinto di Lorenzo Lotto K 291 della National Gallery di Washington », *Notizie da Palazzo Albani. Rivista di storia e teoria delle arti*, XXI, 1992, n° 1, p. 25-49. A. Pigler, « A New Picture by Lorenzo Lotto : *The Sleeping Apollo* », art. cit., p. 166, notait déjà qu'Apollon, dans le tableau de Budapest, se présente dans un état d'« agitated restlessness ».

302. Qu'il suffise de penser au vers du *Cantique des cantiques*, V, 2, si souvent commenté au Moyen Âge et à la Renaissance : « Je dors, mais mon cœur veille » (*ego dormio et cor meum vigilat*).

303. Cf. L. Binswanger, « Le rêve et l'existence », art. cit., p. 199-225.

304. M. Meiss, « Sleep in Venice. Ancient Myths and Renaissance Proclivities », art. cit., p. 358.

305. Il faut noter que la position de l'Apollon peint par Lorenzo Lotto pourrait se référer – quoique avec beaucoup moins d'obscénité – au célèbre *Faune Barberini* (cf. F. Haskell et N. Penny, *Taste and the Antique*, *op. cit.*, p. 202-205). Ce serait donc comme un équivalent masculin de ces nymphes endormies dont nous sommes partis.

306. Cf. R. Klibansky, E. Panofsky et F. Saxl, *Saturne et la mélancolie. Études historiques et philosophiques : nature, religion, médecine et art* (1964), trad. F. Durand-Bogaert et L. Évrard, Paris, Gallimard, 1989, p. 645-653.

307. A. Warburg, *Tagebuch*, 3 avril 1929, cité par E. H. Gombrich, *Aby Warburg. An Intellectual Biography*, Londres, Warburg Institute, 1970, p. 303.

308. Il est, évidemment, difficile de résumer les enjeux philosophiques liés à cette question. Ils s'expriment depuis É. Gilson, *L'École des Muses*, Paris, Vrin, 1951, p. 11-40 (« Le problème des Muses ») et 77-111 (« Baudelaire et la Muse »), jusqu'à J.-L. Nancy, *Les Muses*, Paris, Galilée, 1994, p. 71-97 (« La jeune fille qui succède aux Muses ») et 133-159 (« Le vestige de l'art »).

309. Hésiode, *Théogonie*, v. 9-10, trad. P. Mazon, Paris, Les Belles Lettres, 1928 (éd. 1982), p. 32.

310. *Ibid.*, v. 38-39. Trad. cit., p. 33.

TABLE DES FIGURES

10. Corrège, *Danaé* (détail), 1531, huile sur toile. Rome, Galleria Borghese. Photo Bridgeman Giraudon, Paris.

11. Corrège, *Léda* (détail), vers 1531, huile sur toile. Berlin, Staatliche Museen. Photo Artothek.

12-13 a et b. Tintoret, *Tarquin et Lucrèce* (ensemble et détails), 1559, huile sur toile, 175 × 151,5 cm. Chicago, The Art Institute (Purchase Fund, 1949.203). Photo © du musée.

14 a et b. Titien, *Bacchus et Ariane* (ensemble et détail), 1523, huile sur toile, 175,2 × 190,5 cm. Londres, National Gallery. Photo Bridgeman Giraudon, Paris.

15 a et b. Nicolas Poussin, *Le Triomphe de Pan* (ensemble et détail), 1636, huile sur toile, 138 × 157 cm. Londres, National Gallery. Photo D.R.

16. Stefano Maderno, *Sainte Cécile*, 1600, marbre. Rome, Santa Cecilia in Trastevere. Photo Archivi Alinari-archivio Brogi, Florence.

17. Anonyme romain, *Perse mort*, copie d'un original grec, marbre. Naples, Museo Archeologico Nazionale. Photo © Luciano Pedicini / Archivio dell'Arte, Naples.

18. Niccolò Menghini, *Sainte Martine*, 1635, marbre. Rome, Santi Martina e Luca. Photo Archivi Alinari, Florence.

19. Gian Lorenzo Bernini, *La Bienheureuse Ludovica Albertoni*, 1671, marbre. Rome, San Francesco a Ripa, chapelle Altieri. Photo Archivi Alinari, Florence.

20. Giuseppe Giorgetti, *Saint Sébastien*, 1668-1672, marbre. Rome, San Sebastiano fuori le Mura, chapelle de saint Sébastien. Photo Archivi Alinari, Florence.

21. Michel-Ange, *Pietà*, 1499, marbre. Rome, Saint-Pierre. Photo © 1975, Robert Hupka-Éditions Arstella.

22. Anonyme romain, *Fils de Niobé*, copie d'un original grec du IIIe-IIe siècle av. J.-C., marbre. Florence, Galleria degli Uffizi. Photo Archivi Alinari, Florence.

23. Anonyme romain, *Hermaphrodite*, copie d'un original grec du IIe siècle av. J.-C. (attribué à Polyklès), marbre restauré par Gian Lorenzo Bernini au XVIIe siècle. Paris, musée du Louvre. Photo Archivi Alinari, Florence.

41. Germaine Krull, *Rue de Rivoli-Rue des Halles à 10 h et demie du matin*, vers 1928, photographie. Essen, Museum Folkwang. Photo du musée.

42. Germaine Krull, *Clocharde*, 1928, photographie. Paris, collection A. Jammes.

43. Germaine Krull, *Sans abri (sous les ponts)*, 1928, photographie. Essen, Museum Folkwang. Photo du musée.

44. Adolphe-Frédéric Lejeune, *Le Drame de la rue X*, avant 1889, huile sur toile. Localisation inconnue. Photo Adolphe Braun, propriété du département du Haut-Rhin, don de la Société BURDA, conservées au Centre Rhénan d'Archives et de Recherches Économiques de Mulhouse.

45. Jacques-André Boiffard, *Papier collant et mouches*, photographie illustrant l'article de Georges Bataille, « L'esprit moderne et le jeu des transpositions », *Documents*, 1930, n° 8, p. 488. Photo Documentation du MNAM.

46. Jacques-André Boiffard, *Masque de cuir conçu par W. B. Seabrook*, photographie illustrant l'article de Michel Leiris, « Le *caput mortuum* ou la femme de l'alchimiste », *Documents*, 1930, n° 8, p. 461. Photo D.R.

47. Photographe anonyme, *Betty Compson dans le film parlant « Weary River »*, 1929, photographie illustrant l'article de Georges Bataille, « Malheur », *Documents*, 1929, n° 5, p. 277. Photo Documentation du MNAM.

48. Photographe anonyme, *Le meurtrier Crépin aux Assises de l'Oise*, 1929, photographie illustrant l'article de Georges Bataille, « Malheur », *Documents*, 1929, n° 5, p. 277. Photo Documentation du MNAM.

49. Photographe anonyme, *La Chambre du crime*, 1929, photographie illustrant l'article de Pierre Mac Orlan, « Photographie. Éléments de fantastique social », *Le Crapouillot*, 1929, n° 1, p. 4. Photo D.R.

50. Marcel Griaule, *Pintade*, 1929, photographie illustrant l'article de Georges Bataille, Michel Leiris et Marcel Griaule, « Métamorphose », *Documents*, 1929, n° 6, p. 333. Photo Documentation du MNAM.

51. Éli Lotar, *Aux abattoirs de La Villette*, 1929, photographie illustrant l'article de Georges

INDEX

TABLE DES MATIÈRES

DU MÊME AUTEUR

Invention de l'hystérie. Charcot et l'Iconographie photographique de la Salpêtrière, Paris, Macula, 1982.

Mémorandum de la peste. Le fléau d'imaginer, Paris, Christian Bourgois, 1983.

Les Démoniaques dans l'art, suivi de *La Foi qui guérit*, de J.-M. Charcot et P. Richer (édition et présentation), Paris, Macula, 1984.

La Peinture incarnée, Paris, Minuit, 1985.

Devant l'image. Question posée aux fins d'une histoire de l'art, Paris, Minuit, 1990.

Fra Angelico – Dissemblance et figuration, Paris, Flammarion, 1990.

À Visage découvert (direction et présentation), Paris, Flammarion, 1992.

Ce que nous voyons, ce qui nous regarde, Paris, Minuit, 1992.

Le Cube et le visage. Autour d'une sculpture d'Alberto Giacometti, Paris, Macula, 1993.

Saint Georges et le dragon. Versions d'une légende (avec R. Garbetta et M. Morgaine), Paris, A. Biro, 1994.

L'Empreinte du ciel, édition et présentation des *Caprices de la foudre*, de C. Flammarion. Paris, Antigone, 1994.

La Ressemblance informe, ou le Gai savoir visuel selon Georges Bataille, Paris, Macula, 1995.

L'Empreinte, Paris, Éditions du Centre Georges Pompidou, 1997.

Phasmes. Essais sur l'apparition, Paris, Minuit, 1998.

L'Étoilement. Conversation avec Hantaï, Paris, Minuit, 1998.

La Demeure, la souche. Apparentements de l'artiste, Paris, Minuit, 1999.

Ouvrir Vénus. Nudité, rêve, cruauté (L'Image ouvrante, 1), Paris, Gallimard, 1999.

Être crâne. Lieu, contact, pensée, sculpture, Paris, Minuit, 2000.

Devant le temps. Histoire de l'art et anachronisme des images, Paris, Minuit, 2000.

L'Homme qui marchait dans la couleur, Paris, Minuit, 2001.

Génie du non-lieu. Air, poussière, empreinte, hantise, Paris, Minuit, 2001.

L'Image survivante. Histoire de l'art et temps des fantômes selon Aby Warburg, Paris, Minuit, 2002.

ART ET ARTISTES
Volumes publiés

H. BELTING, A. DANTO, J. GALARD, M. HANSMANN,
N. MacGREGOR, W. SPIES, M. WASCHEK
Qu'est-ce qu'un chef-d'œuvre?

LUC BENOIST La sculpture romantique.
Édition d'Isabelle Leroy-Jay Lemaistre.

BONNARD/MATISSE Correspondance.
Préface de Jean Clair. Introduction et notes d'Antoine Terrasse.

BONNARD/VUILLARD Correspondance.
Édition d'Antoine Terrasse.

THÉOPHILE BRA L'Évangile rouge.
Édition de Jacques de Caso.

ÉRIC DE CHASSEY La Peinture efficace.
Une histoire de l'abstraction aux États-Unis (1910-1960).

ANDRÉ CHASTEL Palladiana.
Préface de Renato Cevese.

P. CHONÉ, J.-C. BOYER, R. E. SPEAR, I. LAVIN
L'Âge d'or du nocturne.

JEAN CLAIR Le Nez de Giacometti.
Faces de Carême, figures de Carnaval.

JEAN CLAIR Malinconia.
Motifs saturniens dans l'art de l'entre-deux-guerres.

JEAN CLAIR Sur Marcel Duchamp et la fin de l'art.

EUGÈNE DELACROIX Souvenirs d'un voyage dans le Maroc.
Édition de Laure Beaumont-Maillet, Barthélémy Jobert et Sophie Join-Lambert.

GEORGES DIDI-HUBERMAN Ninfa moderna.
Essai sur le drapé tombé.

LORENZ EITNER Géricault, sa vie, son œuvre.
Traduit de l'anglais (États-Unis) par Jeanne Bouniort.

SYDNEY FREEDBERG Autour de 1600.
Une révolution dans la peinture italienne.
Traduit de l'anglais (États-Unis) par Jeanne Bouniort.

WALTER FRIEDLAENDER Maniérisme et antimaniérisme dans la peinture italienne.
Traduit de l'anglais (États-Unis) par Jeanne Bouniort. Préface d'Éric Darragon.

E. H. GOMBRICH Ombres portées.
Leur représentation dans l'art occidental.
Traduit de l'anglais par Jeanne Bouniort.

RÉMI LABRUSSE Matisse.
La condition de l'image.

JAMES LORD Un portrait par Giacometti,
suivi de Où étaient les tableaux. Mémoire sur Gertrude Stein et Alice Toklas.
Traduit de l'anglais (États-Unis) par Pierre Leyris.

PIET MONDRIAN/ALFRED ROTH Correspondance.
Préface de Serge Lemoine. Notes d'Arnauld Pierre.

DIDIER OTTINGER Surréalisme et mythologie moderne.
Les voies du labyrinthe: d'Ariane à Fantômas.

OCTAVIO PAZ Le signe et le grimoire.
Essais sur l'art mexicain.
Textes réunis et traduits de l'espagnol (Mexique) par Jean-Claude Masson.

PICASSO Propos sur l'art.
Édition de Marie-Laure Bernadac et Androula Michael.

PICASSO/ APOLLINAIRE Correspondance.
Édition de Pierre Caizergues et Hélène Seckel.
Coédition avec la Réunion des musées nationaux.

DAVID ROSAND La trace de l'artiste.
Léonard et Titien.
Traduit de l'anglais (États-Unis) par Jeanne Bouniort.

WERNER SPIES Max Ernst-Loplop.
L'artiste et son double.
Traduit de l'allemand par Claire de Oliveira.

WERNER SPIES Modes d'emploi.
Artistes pour notre temps.
Traduit de l'allemand par Claire de Oliveira.

TOULOUSE-LAUTREC Correspondance.
Édition de Herbert D. Schimmel. Introduction de Gale B. Murray.

HENRI ZERNER Écrire l'histoire de l'art.
Figures d'une discipline.

Cet ouvrage a été achevé d'imprimer
par l'imprimerie Chirat à Saint-Just-la-Pendue
en avril 2002.
Dépôt légal : avril 2002.
Numéro d'imprimeur : 4813
ISBN : 2-07-076375-7
Imprimé en France

6215